Juliane Linker

Franz von Assisi

Ein fächerübergreifender Unterrichtszyklus
zum Leben und Wirken eines faszinierenden Christen

ab Klasse 3

Kopiervorlagen mit Lösungen

BRIGG VERLAG

Gedruckt auf umweltbewusst gefertigtem, chlorfrei gebleichtem
und alterungsbeständigem Papier.

3. Auflage 2023

Illustration: Monika Mulzer
Layout/Satz: PrePress-Salumae.com, Kaisheim
Druck: Rausch Druck GmbH, Aindlinger Str. 14, 86167 Augsburg

ISBN 978-3-95660-**082**-1

www.brigg-verlag.de

Inhalt

I. Vorwort

II. Hintergrundinformationen zum Lebensbild des Franz von Assisi

III. Unterrichtszyklus Franz von Assisi

IV. Vorlesetexte/Lehrerdarbietung (Text 1–9)

V. Kopiervorlagen zum Schüler-Mitmachbuch Bruder Franz von Assisi – Freund aller Menschen, Tiere und Pflanzen

VI. Materialien zur Freiarbeit (Mit Lösungen)

VII. Ökumenisches Gottesdienstmodell: Bruder Franz von Assisi

I. Vorwort

Zur Intention der Unterrichtseinheit

Unsere Heimat ist die Erde, wunderschön, vielfältig und kostbar. Dieser Planet und alles Leben auf ihm sind uns von Gott anvertraut. Die Welt mit all ihren Geschöpfen zu schützen, zu bewahren und nachfolgenden Generationen zu erhalten, ist unser Auftrag. Doch wie verantwortungslos gehen wir Menschen oft mit der uns anvertrauten Erde und ihren Lebewesen um. Liefert der Mensch nicht ständig den Beweis, ihr gefährlichster Ausbeuter und größter Zerstörer zu sein? Das falsch verstandene Bibelzitat „Macht euch die Erde untertan“ führte selbst Christen zu Missbrauch und Ausbeutung der Schöpfung. Sich als ihre „Krone“ zu sehen, birgt die Gefahr von Hybris, Eigennutz und Ausbeutung in sich. Profitgier und Machtstreben, falsch verstandene Wissenschaftlichkeit, Wegsehen und Gedankenlosigkeit, Lust am Zerstören, ja Vergnügen am Quälen und Töten gefährden die Erde und alles Leben auf ihr. Unfrieden im Kleinen, Missachtung von Schwachen und Wehrlosen, Kriegsherde in der Welt und eine ökologische Krise stellen Bedrohungen und Warnungen dar, auf die wir angemessen reagieren müssen.
Nicht früh genug kann man beginnen, junge Menschen zu verantwortungsfähigen Persönlichkeiten zu erziehen. Gerade die ersten Lebensjahre sind für die Formung von Grundhaltungen von besonderer Bedeutung. Die Vermittlung klassischer Werte, die Erziehung zu einem respektvollen Umgang mit Mensch, Tier und Natur und die Förderung des Umweltschutzgedankens sollte ein besonderes Anliegen von Bildung und Erziehung sein. Kinder benötigen dazu altersgemäße Informationen, Anleitung und Vorbilder. Dieser Band kann einen Beitrag dazu leisten.

Franziskus von Assisi, der bereits im 13. Jahrhundert lebte, wandte sich mit aller Liebe und Kraft der belebten und unbelebten Kreatur zu und stand im Dialog zu allen Geschöpfen. Menschen, Tiere und Pflanzen waren ihm Mitgeschöpfe, die seiner Achtung und Fürsorge gewiss sein konnten.

In der Person des Franz von Assisi werden Kinder einen Christen kennenlernen, der sich der Schöpfung Gottes in Dankbarkeit und Ehrfurcht zuwandte und geschwisterlich mit allen Mitgeschöpfen umging. Seine hingebungsvolle Beziehung zu Not leidenden Menschen und seine Friedfertigkeit zur gesamten Schöpfung haben zeitlose Gültigkeit.

Kinder sind offen und aufnahmefähig und lassen sich sensibilisieren für die Sichtweise eines Franz von Assisi. Durch Einblicke in sein Lebenskonzept werden sie angeleitet, respektvoll und achtsam mit allen Formen des Lebens und der gesamten Schöpfung umzugehen. Die Bereitschaft zur Übernahme von Verantwortung kann gestärkt und gefestigt sowie die Verknüpfung Mensch, Tier und Natur erfahren werden. Franziskus kann gerade auch in unserer Zeit Kindern Leitbild sein und Anstöße geben zu friedlichem und verantwortungsvollem Denken und Handeln auf dem eigenen Lebensweg.
Neben aller Ernsthaftigkeit der Thematik werden auch Spiel und Spaß während der Unterrichtseinheit nicht zu kurz kommen.

II. Hintergrundinformationen zum Lebensbild des Franz von Assisi

1. Biografie: Franziskus von Assisi (1181/82–1226)

Giovanni Bernardone wurde als Kind wohlhabender Eltern in der italienischen Stadt Assisi – im Herzen Umbriens – geboren. Sein Vater Pietro Bernardone war ein angesehener Tuchhändler. Seine Mutter Giovanna, auch Pica genannt, war vermutlich französischer Herkunft. Bei der Geburt des Kindes befand sich der Vater auf einer Geschäftsreise in der Provence. Die Mutter ließ das Kind auf den Namen Giovanni taufen *(nach Johannes, dem Täufer)*. Aus Frankreich heimgekehrt, gab der Vater seinem Sohn den französischen Namen Francesco, kleiner Franzose. Damit wollte Pietro Bernardone seine guten Handelsbeziehungen belegen und seine Begeisterung für Frankreich zum Ausdruck bringen. Francesco sollte in die Fußstapfen seines Vaters treten und später einmal die elterlichen Geschäfte übernehmen.

Francesco war ein zartes, aber lebhaftes Kind, liebenswert und freundlich. Von seinen Eltern wurde es behütet und verwöhnt. In der Pfarrschule San Giorgio erhielt Francesco eine gute Schulausbildung, er lernte Rechnen, Lesen und Schreiben, Französisch und Latein. Das Stillsitzen und Lernen behagte ihm nicht so sehr. Viel lieber spielte er mit seinen Kameraden in den Gärten, Weinbergen und Gassen von Assisi.

Als junger Mann kleidete er sich gerne nach der neuesten Mode, extravagant und auffallend. Er verstand sich auf das Saitenspiel, sang Lieder und wusste interessante Geschichten zu erzählen. In vollen Zügen genoss er das Leben eines privilegierten Sohnes aus reichem Haus und führte ein fröhliches, sorgloses, ja ausschweifendes Leben. Mit Gleichgesinnten trieb er sich gerne bis in die frühen Morgenstunden in den Straßen und Gassen von Assisi herum. Auf seine Kosten wurde oft gegessen und getrunken. Er liebte Feste, Spiel, Gesang und träumte von Freiheit und Rittertum. Gutes höfisches Benehmen, Redegewandtheit und Einfühlsamkeit kennzeichneten ihn gleichermaßen. Die Söhne anderer Kaufleute und junge Adlige bewunderten ihn und warben um seine Freundschaft. Der Vater war stolz auf ihn, den strahlenden Mittelpunkt der Jugend von Assisi.
Die sanften Ermahnungen der Mutter blieben meist unbeachtet. Mit Sicherheit hörte auch die junge Adlige Chiara, Clara von Assisi, von den Eskapaden des jungen Bernardone, der die besondere Fähigkeit hatte, Menschen zu gewinnen und zu faszinieren.

Im Jahr 1202 kam es zu Kämpfen um die Vormachtstellung in Umbrien. Ein Städtekrieg zwischen Assisi und Perugia brach aus. Auch der zwanzigjährige Francesco zog mit in den Kampf gegen die Nachbarstadt. Assisi unterlag, und Franziskus geriet in Gefangenschaft. Nach einem Jahr gelang es dem Vater, seinen in Perugia eingekerkerten Sohn gegen ein Lösegeld freizukaufen. Schwer erkrankt und innerlich zutiefst erschüttert kehrte Franziskus nach Assisi zurück. Die Mutter erkannte ihren Sohn kaum wieder. Sein Jugendtraum, Ritter zu werden und sein unbekümmertes Leben wurden von nun an infrage gestellt. Krankheit, Haft und Kriegseindrücke waren die Auslöser dafür, seinem Leben eine andere Richtung zu geben. Mehr und mehr zog Francesco sich aus seinem bisherigen Freundeskreis zurück und suchte Ruhe und Einsamkeit. Versuche, seine frühere Lebensweise wieder aufzunehmen, gelangen ihm nicht. Je ausgelassener seine Kameraden feierten, desto einsamer fühlte er sich. Äußerlich machte er noch mit, innerlich hatte er sich abgewandt.

1205 oder 1206 unternahm Francesco eine „Pilgerfahrt“ nach Rom. Von einschneidender Bedeutung für seine Umorientierung scheint die Begegnung mit einem Aussätzigen gewesen zu sein. Franziskus stieg von seinem Pferd und ging auf den Kranken zu. Sein anfängliches Ekelgefühl wich Mitgefühl und aktiver Zuwendung. Er öffnete sich für Menschen, von denen er sich bisher fern gehalten hatte, die nicht der Welt der Schönheit, des Ruhms und des Reichtums angehörten. In den Leidenden und Armen begegnete ihm Christus in besonderer Weise.

Vor der Peterskirche in Rom soll Franziskus seine vornehme Kleidung gegen die eines Bettlers getauscht haben, um das Leben der Armen am eigenen Körper zu erfahren.
Sein Verhalten brachte ihn in Konflikt mit seinem Vater, der nicht verkraften konnte, dass sein Sohn den Spott der Bewohner Assisis auf sich zog. Auch im Freundeskreis betrachtete ihn jetzt manch einer als Sonderling, der wohl verrückt geworden war. Spott und Hohn schlugen ihm entgegen, und alte Freunde neckten ihn mit der „Braut Armut". Doch Franziskus blieb trotz aller Kränkungen heiter und gelassen.

Um das Jahr 1206, beim Gebet in der kleinen, halb verfallenen Kirche San Damiano unterhalb von Assisi fühlte sich Franziskus von einem Kreuzbild stark angesprochen. Der Legende nach soll eine Stimme ihn aufgefordert haben: „Francesco, geh und bau mein Haus wieder auf …" Auf diese Vision hin erbettelte er Baumaterial und begann, die kleine romanische Kirche wieder aufzubauen. In gleicher Weise renovierte er in der Ebene vor Assisi die kleine Benediktinerkapelle von Santa Maria degli Angeli, auch Portiuncula (ital.: Porziuncola) genannt. Zum Wiederaufbau schleppte er Steine vom Monte Subasio eigenhändig herbei.

Für solche Bauarbeiten und wohltätige Zwecke entnahm Francesco Waren und Gelder aus dem elterlichen Geschäft. Dies führte zum endgültigen Bruch mit seinem Vater, der seinen Sohn im eigenen Haus einsperrte und schließlich einen Prozess gegen ihn führte. Nach den damaligen Stadtstatuten Assisis waren Rebellion und Missbrauch des elterlichen Vermögens berechtigte Klagegründe. Vor den Augen des Stadtbischofs und einer Menschenmenge soll sich Franziskus der Überlieferung nach auf dem Domplatz seiner Kleider entledigt haben. Mit dieser Geste demonstrierte er den Verzicht auf sein Erbe und sagte sich von seinem Vater los. „Bis jetzt habe ich Pietro Bernardone meinen Vater genannt, von nun an habe ich nur noch einen Vater im Himmel."
Francesco gab nun alle materiellen Sicherheiten auf und begann ein neues Leben im Dienst an Armen, Kranken und Verachteten. Dabei blieb er fröhlich und heiter und verspürte Freiheiten für die wesentlichen Dinge.

Außerhalb der Stadtmauern begann Franziskus ein Leben als Einsiedler. Er pflegte Kranke und Aussätzige und verteilte das Geld, das er noch hatte, unter den Armen. Er lehnte jeden Besitz ab, ging um Essen bettelnd von Haus zu Haus und lebte von Almosen. Er trug ein einfaches Habit, nur von einem Strick gehalten, und ging nach Möglichkeit barfuß.
In der Nachfolge Christi entschloss er sich zu einem konsequenten Leben in Armut und Gebet. Das Evangelium *(s. Mt 19,21; Lk 9,3; Lk 9,23)* wurde für ihn zum Buch des Lebens. Wie die von Jesus ausgeschickten Jünger wandte er sich den Menschen zu und verkündete die Frohe Botschaft.
Seine extreme Lebensweise stieß bei vielen auf Unverständnis und Ablehnung. Andere aber schlossen sich ihm an und folgten seinem Beispiel. Der Überlieferung nach gehörten zu den ersten Brüdern Bernardo Quintavalle, ein reicher Kaufmann aus Assisi, Pietro Catani, ein Rechtsgelehrter und der Bauer Egidio (Ägidius), des weiteren Filippo, Leonardo, Angelo, Leo, Rufino, ein Cousin der Clara von Assisi, Benedikt und der Priester Silvestro.
Ein verlassener Schuppen bei Rivotorto, etwa zwei km östlich der Stadt, diente den Brüdern als erstes Domizil. Von hier aus wanderten sie jeweils zu zweit durch das Land, um Frieden, Hilfsbereitschaft und Mitgefühl zu predigen. Nach zwei Jahren, so wird berichtet, wurden sie von einem Bauern mit seinem Esel aus ihrer Hütte vertrieben. Franziskus ließ es geduldig geschehen und begab sich nach Portiuncula. Die Benediktinermönche vom Monte Subasio erlaubten Franziskus die Nutzung eines kleinen Landstücks rund um das renovierte Benediktiner-Kirchlein Portiuncula (lat.: kleines Fleckchen, kleiner Anteil). Hier wohnten die Brüder in einfachen Hütten aus Reisig und Lehm. Jeder Bruder arbeitete seiner Begabung entsprechend. Mit Ausnahme von erkrankten Brüdern lebten sie in strikter Armut und Entsagung. Sie wanderten in Städte und Dörfer, pflegten Kranke, predigten, halfen und nahmen für ihre Arbeit keinen Lohn. Das Leben Jesu wurde ihnen Orientierung und Leitbild.
Zum Gebet und zur Meditation zog sich Franziskus gerne in eine steile Waldschlucht am Monte Subasio zurück. Hier, in den Eichenwäldern des Eremo delle Carceri, soll er, der Legende nach, den Vögeln gepredigt haben.

Franziskus verfasste für sich und seine Weggefährten einfache Lebensregeln. Mit den ersten 12 Brüdern zog er nach Rom, um von Papst Innozenz III. die Erlaubnis für Lebensweise und Regeln seiner kleinen Ordensgemeinschaft zu erhalten, die 1209/10 mündlich bestätigt wurde *(nicht bullierte Regel)*.

Bald gründete sich der Orden der Minderbrüder *(OFM, lat. Ordo fratrum minorum)*, dessen Regeln 1223 von Papst Honorius III. endgültig besiegelt wurden *(bullierte Regel)*. Im Jahr 1212 wurde das erste Franziskanerkloster in der Toskana gegründet. Franziskus war weiter als Wanderprediger unterwegs und unternahm Missionsreisen nach Dalmatien, Frankreich und Spanien.
1212 schloss sich auch die junge Adlige Chiara, Klara von Assisi *(1194–1253)*, Franziskus an und wurde seine treueste Anhängerin. Sie verließ ihr wohlhabendes Elternhaus und löste sich aus ihrem bisherigen sozialen Gefüge. Chiara fand Zuflucht und Aufnahme in Portiuncula und San Damiano. Später gründete sie die Schwesterngemeinschaft der Klarissen. Auch in diesem Orden war das Evangelium Grundlage aller Tätigkeiten. Viele Frauen und Männer, verheiratet oder nicht, wollten bald so leben wie „Poverello", der kleine Arme aus Assisi, der mit gutem Beispiel voranging. Früher verlacht, wurde er nun verehrt und „Troubadour Gottes" genannt. Die franziskanische Bewegung verbreitete sich bald über das ganze Abendland.

1219, während des 5. Kreuzzugs, reiste Franziskus als Missionar nach Palästina – nicht zum Kampf gegen Andersgläubige, sondern gewaltlos und in friedlicher Absicht. Er schloss sich mit einigen seiner Gefährten einem Kreuzfahrerheer an, das auf dem Weg nach Ägypten war, um die Hafenstadt Damiette an der Nilmündung zu erobern. Franziskus brach unbewaffnet aus dem Lager der Kreuzfahrer auf, um zu Fuß nach Israel zu pilgern. Arabische Soldaten nahmen ihn unterwegs gefangen. Im Lager des muslimischen Heeres fand ein Gespräch mit Sultan Melek-al-Kamil statt, der stark beeindruckt war vom christlichen Wanderprediger und seinem mutigen Bekenntnis zu Frieden und Menschlichkeit. Das Treffen eröffnete eine erste „interreligiöse" Begegnung ohne Hass und Gewalt. Der friedliche Dialog konnte den kriegerischen Auseinandersetzungen allerdings nicht Einhalt gebieten. Auch der friedfertige Versuch einer Missionierung blieb ohne Erfolg.

Nach seiner Missionsreise in den Orient verschlechterte sich der Gesundheitszustand des Franziskus infolge einer infektiösen Augenerkrankung. Hinzu kamen Spannungen im rasch anwachsenden Orden, die ihn zur Abgabe der Ordensleitung an Pietro Catani und nach dessen Tod an Bruder Elias veranlassten. In einer Einsiedelei auf dem Berg La Verna sollen während einer Fastenzeit zwei Jahre vor seinem Tod bei Franziskus Wundmale sichtbar geworden sein, der erste überlieferte Fall einer Stigmatisation.

Seine Augenerkrankung und starkes Fasten schwächten Franziskus weiterhin. Krank und nahezu erblindet dichtete er in San Damiano den berühmten Sonnengesang „Il Cantico delle Creature" *(Il Cantico di Frate Sole)*, ein Loblied auf Gottes Schöpfung.
Sein Wunsch war, zum Sterben zur Portiuncula-Kirche gebracht zu werden, dorthin, wo die Ordensbewegung ihren Anfang genommen hatte. Von einigen Mitbrüdern ließ sich Franziskus auf den Boden legen und den Sonnengesang und Texte vom Leiden und Sterben Jesu aus dem Johannesevangelium vortragen. Klara von Assisi war es nach eigener schwerer Erkrankung nicht möglich, den Sterbenden aufzusuchen. Bei seinem Tod am späten Abend des 3. Oktober 1226 sollen sich Lerchen zu einer für sie ungewöhnlichen Tageszeit in seiner Nähe versammelt haben.
Am nächsten Tag wurde der Leichnam des Franziskus in einer feierlichen Prozession nach Assisi getragen und in der Kirche San Giorgio beigesetzt.
1228 wurde mit dem Bau der Basilika San Francesco im westlichen Teil Assisis begonnen. Dorthin wurde schon bald der Leichnam des Franziskus überführt. Seine Gebeine ruhen heute in der Unterkirche der Basilika in einer Krypta.

Unübertroffen und einzigartig war Francescos Liebe zur Natur, in der er immer wieder die Spuren Gottes erkannte. Viele Berichte, Erzählungen und Legenden ranken um seine Person und verdeutlichen seine Friedfertigkeit gegenüber allen Geschöpfen. Seine Fähigkeit des Mitleidens bezieht sich nicht nur auf Menschen, sondern auf alle Lebewesen.
So sind einige für Franziskus' Einstellung charakteristische Geschichten überliefert:

Ein reißender Wolf versetzte die Stadt Gubbio in Angst und Schrecken. Obwohl die Bewohner der Stadt ihn warnten, ging Francesco auf das Tier zu und sprach freundlich mit ihm. Er nannte den Wolf seinen Bruder und versorgte ihn mit Nahrung. Ein „Vertrag" sollte zwischen der Stadt und dem Tier den Frieden besiegeln. Der Wolf wurde zahm und lebte noch zwei Jahre in der Umgebung von Gubbio. Er ließ sich von den Menschen füttern ohne jemandem ein Leid anzutun, bis er schließlich an Altersschwäche starb.

Zu Schafen entwickelte Franziskus eine besondere Beziehung. Die Eigenschaften des Lammes verband er mit denen von Christus: Leidensbereitschaft, Milde, Nähe, Gewaltlosigkeit und Friedfertigkeit. Es wird berichtet, dass er oft mit einem Lamm unterwegs gewesen sei. Es war ihm unerträglich, ansehen zu müssen, dass jemand ein Lamm zum Metzger brachte. Dann kaufte er es und nahm oder übergab es in treue Obhut.

In der Nähe von Greccio veranschaulichte Franziskus das Weihnachtsevangelium zum ersten Mal in Form einer lebenden Krippe mit Ochs und Esel. Diese denkwürdige Krippenfeier inszenierte er in der Nacht zum 25. Dezember 1223. Von Biografen erwähnt werden nur Ochs und Esel und die mit Stroh und Heu gefüllte Krippe, nicht aber Personen, die die Rolle von Maria, Josef oder gar des Kindes übernommen hätten. Gefährten und Bewohner von Greccio und Umgebung waren anwesend, als Franziskus die Eucharistie feierte und die Predigt hielt. Fackeln und Leuchten erhellten die Dunkelheit, und der Frieden der Heiligen Nacht ruhte auf Mensch und Tier. Franziskus war sich bewusst: Die Menschwerdung Gottes betrifft nicht nur den Menschen, sondern die gesamte Schöpfung.

Lerchen verglich Franziskus gerne mit Ordensleuten. Das erdfarbene Federkleid mit Haube erinnerte ihn an ein schlichtes Habit mit Kapuze, als „demütiger“ Vogel pickt eine Lerche Getreidekörner von der Straße, und im Fliegen lobt sie Gott wie gute Ordensleute. Lerchen und andere Vögel einzufangen oder ihnen Schaden zuzufügen hätte er gerne als gesetzlich verordnetes Verbot gesehen.

In der „Vogelpredigt“ staunt Franziskus über die wunderbaren Lieder und Fähigkeiten seiner fliegenden Mitgeschöpfe. Er ermahnt auch sie zu Dank und Lob gegenüber ihrem Schöpfer. Ganze Scharen sollen der Legende nach herbeigeflogen sein und ihm zugehört haben.

Franziskus sieht sich in einer Einheit mit allen Geschöpfen. Sanftmut, Demut und Brüderlichkeit galten nicht nur den Menschen, sondern ebenso der Kreatur. Alle waren ihm Bruder und Schwester, selbst Sonne, Mond und Tod.

Im Jahre 1228 wurde Franziskus von Papst Gregor IX. heiliggesprochen.
1228, im Jahr seiner Heiligsprechung, wurde mit dem Bau der Basilika San Francesco begonnen. Der mächtige Kirchenkomplex mit angrenzendem Kloster liegt am westlichen Ende von Assisi am Hang des Gebirgszugs Monte Subasio. Hier, auf dem Gelände einer früheren Hinrichtungsstätte, wollte Franziskus begraben werden in Erinnerung an den Tod Jesu auf Golgota. Die Basilika ist als Doppelkirche ausgeführt. Unter dem Altar der Unterkirche verborgen befindet sich die Grabstätte des Heiligen.

1257 wurde die Basilika Santa Chiara errichtet. Sie ersetzt die vormalige Kirche San Giorgio, die bis 1230 die Gebeine des Franziskus enthielt.

1568/69 wurde mit dem Bau der Basilika Santa Maria degli Angeli begonnen. In ihrem Inneren befindet sich überbaut die kleine Portiuncula-Kapelle. Die mächtige Kathedrale beherrscht mit ihrer überragenden Kuppel die gesamte Ebene unterhalb von Assisi.

1854 wurde in Rivotorto die Kirche Santa Maria di Rivotorto erbaut. Sie erhebt sich über einer rekonstruierten Hütte, dem 1. Domizil der Ordensgründer.

San Damiano liegt inmitten von Feldern und Olivenbäumen etwa 20 Minuten Fußweg entfernt unterhalb von Assisi. Hier dichtete Franziskus seinen „Cantico delle Creature“. Der aus einer Kapelle und einem Kloster bestehende Gebäudekomplex ist weitgehend ursprünglich erhalten geblieben. Die bedeutungsvolle Kreuzikone hängt als Replik in der kleinen San Damiano-Kapelle. Das Originalkreuz befindet sich heute in der Basilica di Santa Chiara in Assisi.

An vielen Stellen in und außerhalb von Assisi erinnern aus Bronze und Stein gearbeitete Skulpturen an Ereignisse im Leben des Franziskus.
Von allen Wirkungsstätten Francescos scheint ein besonderer Geist auszugehen, der Jahrhunderte überdauerte und weiterlebt.

Seit 1939 ist Franziskus Nationalheiliger Italiens.
1980 ernannte Papst Johannes Paul II. ihn zum Patron des Umweltschutzes und der Ökologie.
Seit 1986 finden in Assisi regelmäßige interreligiöse Weltgebetstreffen statt.
1995 wurde die Franz von Assisi Akademie zum Schutz der Erde gegründet. Alljährlich, am 4. Oktober, dem Gedenktag des Franz von Assisi, findet der Welttierschutztag statt.
Auch unter den Hindus ist Franziskus der bekannteste christliche Heilige. Aufgrund seiner universellen Sichtweise bestehen Berührungspunkte zu Ansichten hinduistischer und buddhistischer Mönche.
Bis in die heutige Zeit inspirierte Franziskus Theologen und Philosophen, Päpste und Laien, Künstler, Schriftsteller, Musiker und Filmemacher.

Das Lebensbild des Franz von Assisi hat bis heute nichts an Aktualität verloren. Sein Lebenskonzept sprach und spricht Menschen aller Zeiten an und kann Leitbild und Wegweiser sein. Gewaltlosigkeit, Friedfertigkeit, Hilfsbereitschaft und Achtung vor allen Formen des Lebens kennzeichnen seine Haltung. Kinder und Jugendliche sind besonders offen für seine Sichtweisen: Schutz der Tiere, Erhalt der Umwelt, zudem Unterstützung Bedürftiger und Verbreitung christlicher bzw. universeller Werte.

Franziskus wandte sich in Demut und Brüderlichkeit allen Formen des Lebens zu. Er fühlte sich verbunden mit allen Geschöpfen, besonders mit denen, die auf der Schattenseite des Lebens stehen. Der Mensch soll nicht Herrscher über die Schöpfung sein, sondern ihr Bewahrer. Franziskus hat vorgelebt, was er verkündete.

Attribute des Franziskus:

Habit – Kreuzbild – Wundmale – Totenkopf – Seraph – Erdkugel – Taube – Lamm – Wolf – Tau-Kreuz (auch Antonius-Kreuz genannt)

Das Tau-Kreuz hat die Form eines T *(Tau = 19. Buchstabe des griechischen Alphabets und letzter Buchstabe des hebräischen Alphabets, Taw).* Franziskus verwandte es häufig als Segenszeichen *(s. Ezechiel 9,4)* sowie als Zeichen der Demut und Erlösung *(s. Offb. 7,3).* Mit diesem Zeichen segnete er Menschen und unterzeichnete er seine Briefe. Oft malte er es auch an Häuser, Kirchenwände und Bäume als Zeichen des Segens und des Friedens. Das Tau wird bis heute als Symbol der franziskanischen Ordensfamilie verwendet.

Das ausgebreitete Habit, später mit Schulterkragen und Kapuze, hat die Form eines „Tau".
Die Kutte wird bewusst erdfarben gewählt *(lat. Humus, Humilitas = Demut)*
Die drei Knoten in der hellen Kordel *(Zingulum)* stehen für Gehorsam, Armut und Ehelosigkeit/Keuschheit, dem Gelübde der Franziskaner.

Die Ordensgemeinschaften, die sich auf Franziskus berufen, teilen sich in drei Zweige auf.
Der Erste Orden umfasst die Franziskaner (OFM), die Kapuziner und die Minoriten. Die Franziskaner, heute weltweit verbreitet, bilden den größten der drei Zweige des Ordens des heiligen Franz von Assisi.
Der Zweite Orden besteht aus verschiedenen Zweigen der Klarissen *(s. Klara von Assisi).*
Dem Dritten Orden gehören Franziskusbrüder und Franziskanerinnen an, die Franziskanische Gemeinschaft als weltlicher Orden und als zusätzlicher Zweig die Franziskanische Bewegung.

2. Franz von Assisi: Sonnengesang oder Lob der Schöpfung

Ein Jahr vor seinem Tod, fast erblindet und schwer krank, dichtete Franziskus den Sonnengesang. Bislang war alle Dichtung seiner Heimat in lateinischer Sprache abgefasst. Sein Sonnenlied, „Il cantico di frate sole o Cantico delle Creature", schrieb er als erstes Lied in italienischer Sprache. Der älteste, schriftlich festgehaltene Text stammt aus der Mitte des 13. Jahrhunderts. Er verbreitete sich über die ganze Welt und fasziniert in unterschiedlichen Fassungen auch moderne Menschen der Gegenwart. Vom Sonnengesang ist nur der Text erhalten geblieben, nicht die Melodie.

Sonnengesang
(Il Cantico di Frate Sole o Cantico delle Creature)

Du höchster, allmächtiger, guter Herr, Dein sind das Lob und der Ruhm und die Ehre und aller Segen.
Dir allein, Du Höchster, gebühren sie, und kein Mensch ist würdig, Deinen Namen zu nennen.

Gelobt seist Du, mein Herr, mit all Deinen Geschöpfen, **Schwester Sonne** besonders, die den Tag macht und durch die Du uns erleuchtest.
Schön ist sie und strahlend mit großem Glanz, ein Bild von Dir, Du Höchster.

Gelobt seist Du, mein Herr, durch **Bruder Mond** und die Sterne; am Himmel hast Du sie gebildet, klar und kostbar und schön.

Gelobt seist Du, mein Herr, durch **Bruder Wind**, durch Luft und Wolken, durch den heiteren Himmel und jegliches Wetter, durch das Du Deinen Geschöpfen den Unterhalt gibst.

Gelobt seist Du, mein Herr, durch **Schwester Wasser**, die sehr nützlich und demütig ist und kostbar und rein.

Gelobt seist Du, mein Herr, durch unseren **Bruder, das Feuer**, durch das Du uns erleuchtest die Nacht. Schön ist es und fröhlich und kraftvoll und stark.

Gelobt seist Du, mein Herr, durch unsere **Schwester Mutter Erde**, die uns trägt und ernährt und vielfältige Früchte hervorbringt und bunte Blumen und Kräuter.

Gelobt seist Du, mein Herr, durch jene, die verzeihen um Deiner Liebe willen und Krankheit leiden und Not. Selig, die ausharren in **Frieden**, denn von Dir, Du Höchster, werden sie einst gekrönt.

Gelobt seist Du, mein Herr, durch unseren **Bruder, den leiblichen Tod**, dem kein lebender Mensch entrinnen kann. Weh denen, die sterben in schwerer Sünde; selig jene, die der Tod trifft in Deinem heiligsten Willen, denn der zweite Tod kann ihnen nichts antun.

Lobt und preist meinen Herrn und dankt und dient ihm mit großer Demut.

3. Bildmaterial

Assisi

Die Eltern Bernardone: Die Mutter Giovanna (Pica) Bernardone hält symbolisch die zerbrochene Kette. Vater Pietro hält das abgelegte Gewand (Denkmal in Assisi)

Hl. Franziskus und der Wolf, Santa Fe, New Mexiko

Kreuz von San Damiano

Giotto, Gebet des hl. Franziskus in San Damiano

Giotto, Franziskus predigt den Vögeln, ca. 1296

Der „weinende Franziskus" im Kloster bei Greccio

Hl. Franziskus, Fresko von Cimabue, ca. 1278

Hl. Franziskus, Fresko aus dem Kloster Sacro Speco in Subiaco, ca. 1200

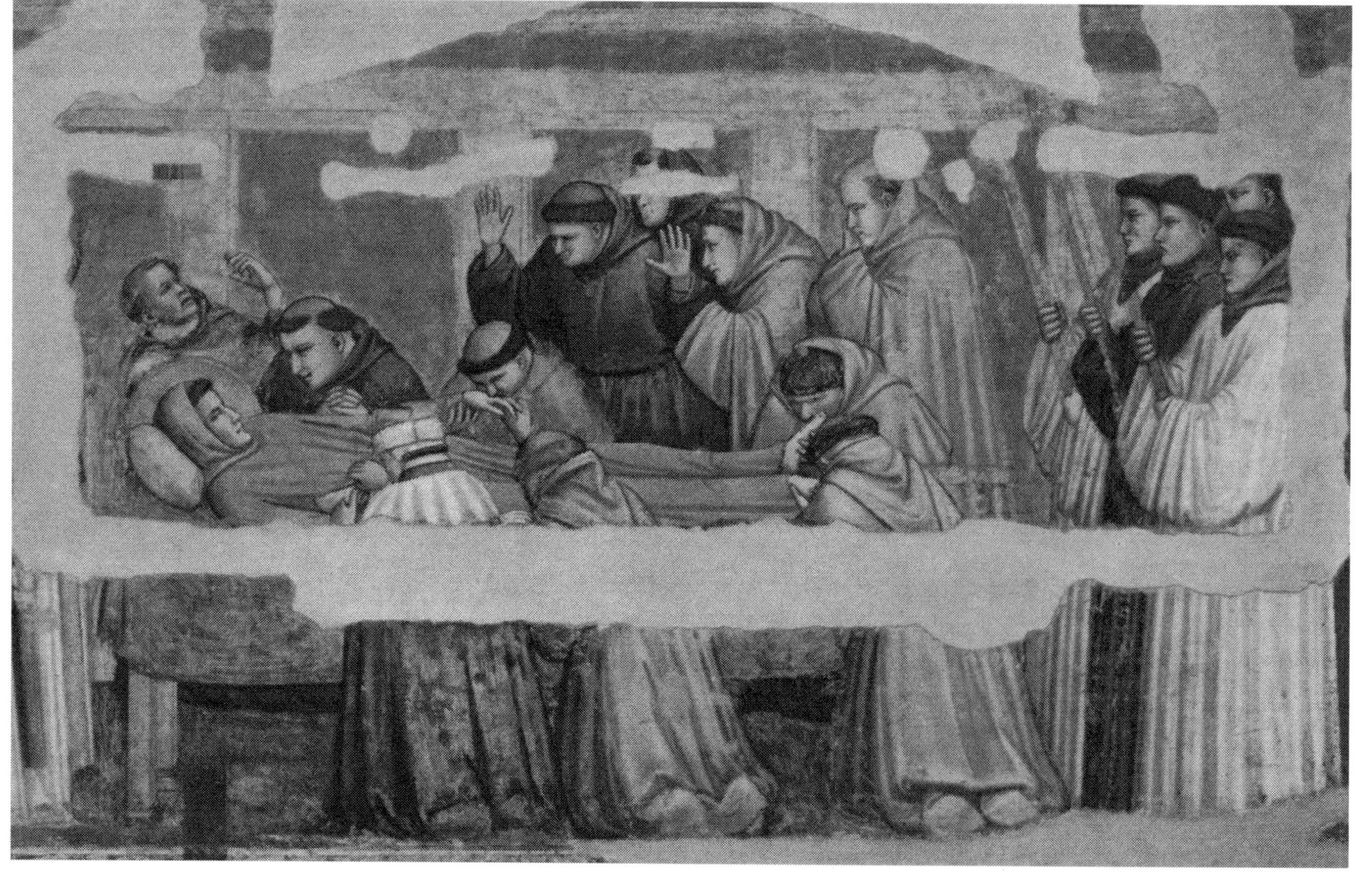

Giotto, Tod des hl. Franziskus, ca. 1325

III. Unterrichtszyklus Franz von Assisi

1. Allgemeiner Überblick

Zu allen Zeiten haben Christen auf die Heilige Schrift gehört und Kraft gefunden zu einem neuen Leben. So auch Franz von Assisi. Er stammte aus einer reichen Kaufmannsfamilie. Später wurde er Mönch und stellte sein Leben in den Dienst am Nächsten. Er war ein Freund aller Menschen, Tiere und Pflanzen und ein Bewunderer der Vielfalt und Schönheit der Schöpfung. Franziskus kann Kindern und Erwachsenen bis in die heutige Zeit Leitbild sein und Orientierungshilfen geben.

Bei der Behandlung von Heiligen oder bedeutenden Christen bietet sich im Unterricht ab Klasse 3 das Leben und Wirken des Franz von Assisi an. Über die Grenzen der Jahrhunderte und Weltanschauungen hinweg ist die Faszination dieser Persönlichkeit für Jung und Alt erhalten geblieben.
Mit Franziskus werfen wir einen Blick in die Vergangenheit und stellen Beziehungen zur Jetztzeit und zur eigenen Lebenswelt her. Kinder erhalten die Möglichkeit, über das Lebenskonzept des Franziskus zu reflektieren, ihr eigenes Handeln zu überdenken und Vorgelebtes anzunehmen.

Für das zu entwickelnde Schülerbuch (ab S. 32) ist das Lebensbild des Franz von Assisi in neun Kapitel aufgegliedert:
1. Kindheit und Jugend
2. Die Umkehr – Franziskus ändert sein Leben
3. Auf den Spuren Jesu – Franziskus und die Minderbrüder
4. Franziskus und die Menschen
5. Franziskus beim Sultan
6. Franziskus und die Tiere
7. Franziskus und die Pflanzen
8. Der Sonnengesang des Franz von Assisi
9. Franz von Assisi – ein Lebenskreis schließt sich

Die Geschichten sind historisch belegt und vermitteln biografische und wertebezogene Informationen. Texte und Hinweise regen zum Nachdenken, Mitmachen, Fragen und Staunen an und geben Impulse zu kreativen Arbeitsformen. Auf vielfältige Weise können sich die Kinder mit dem Lebensbild des Franz von Assisi auseinandersetzen.
Das Erschließen von Informationen und Lerninhalten erfolgt beim Menschen sehr verschieden. Um den unterschiedlichen Lerntypen gerecht zu werden, sollten Inhalte abwechslungsreich und auf mannigfachen „Lernkanälen" angeboten werden, sodass ein „Lernen mit allen Sinnen" ermöglicht wird. Das einseitige Fixieren auf einen Lernzugang sollte bei allen Lernvorlieben vermieden werden.
Kognitive, kreative, soziale und emotionale Zugänge ermöglichen einen ganzheitlichen Unterricht. Neben ihrer gestalterischen Tätigkeit als „Buchillustratoren" werden die Kinder im Lesen, Hören, Sprechen und Schreiben, Spielen, Singen und im Ausdruckstanz gefördert.

Die Begegnung mit dem Sultan (s. Kapitel 5) wurde entgegen etlicher Kinder- und Religionsbücher bewusst in die Unterrichtsreihe aufgenommen. So wird beizeiten die Fähigkeit zum interreligiösen Verhalten und zur interkulturellen Kompetenz angesprochen und angebahnt.

Der gesamte Zyklus kann etwa 10–15 Unterrichtsstunden umfassen und mit einem ökumenischen Gottesdienst einschließlich einer kleinen Festlichkeit seinen Abschluss finden. Da sich vielfältige Möglichkeiten zum fächerübergreifenden Arbeiten anbieten, empfiehlt sich schwerpunktmäßig eine Franziskus-Projektwoche.

Die Textfassung der Biografie Franz von Assisi erscheint auf drei Ebenen:
a) als Sachinformation für Lehrkräfte (S. 6–10)
b) als Lehrerdarbietung/Vorlesetext zur Schülerinformation (S. 21–28)
c) als Lesetext (Schüler-Mitmachbuch) vornehmlich für Drittklässler (S. 33–43)

Kleine Bildmotive auf den Schülerseiten dienen als Anreiz und Gestaltungshilfe.
Die Fassung „Lehrerdarbietung" kann auch als Textvorlage für Viertklässler oder zur Differenzierung genutzt werden.

Der Unterrichtszyklus bietet einen durchstrukturierten Leitfaden zum Kennenlernen des Lebensbildes des Franz von Assisi und enthält folgende Entwürfe, Materialien und Vorschläge für gelenkte und offene Unterrichtsformen:

- Sachinformationen für Lehrkräfte
- Vorlesetexte (Sachinformationen für Schülerinnen und Schüler)
- Kopiervorlagen zum Erstellen eines individuell zu gestaltenden „Franziskus-Buchs"
- Bewegungslied/Tanz: „Ein Lied für die Sonne/Sonnengesang"
- Gebet: „Alle Geschöpfe der Erde"
- Gottesdienstmodell
- Bildmaterial
- Kopiervorlagen/Materialien
- Arbeitsblätter mit Lösungen zur Selbstkontrolle
- Kopiervorlagen für Stabpuppen
- Vorschläge zu Hintergrundkulissen für szenische Spiele

2. Aufbau des Unterrichtszyklus

a) Erstellen und gestalten eines Franziskus-Buchs
b) Lernen an Stationen/Freiarbeit
c) Ökumenischer Gottesdienst (Modell)
d) Gemeinsames Frühstück mit Präsentation von Unterrichtsergebnissen

Zu a)
Erstellen eines Franziskus-Mitmachbuchs mit individueller Gestaltungsmöglichkeit
Einführung in die Thematik und die Biografie des Franz von Assisi kennenlernen

1. Kapitel: Kindheit und Jugend

Stuhlkreis: Erläuterung des Vorhabens/evtl. Abbildung von Franz von Assisi an die Tafel heften:
L: Wir lernen einen berühmten Christen kennen. Er hat viele Namen, ursprünglich:
Giovanni Bernardone (Er kommt aus Italien, nach Johannes, dem Täufer benannt)
Francesco (Rufname)
Franziskus oder Kurzform **Franz** (in die deutsche Sprache übersetzt)
Franz von Assisi (nach seiner Geburtsstadt Assisi)
Wortkarten vorzeigen oder die Namen an der Tafel notieren – Begriffsklärungen zu Rufnamen, Geburtsstadt, Land vornehmen, beigefügte Italienkarte mit den Städten Assisi, Perugia und Rom zeigen/evtl. Foto Assisi

L: Wir werden vieles über sein Leben erfahren,
- ein kleines Buch dazu erstellen,
- einen Steckbrief verfassen,
- ein Rätsel lösen,
- ein Tanzlied kennenlernen,
- ein Reporterspiel durchführen
- evtl. einen Gottesdienst gestalten

L: Wenn ich euch ein Bild von Francesco zeige, könnt ihr bestimmt jetzt schon eine Menge über ihn sagen (Schüleräußerungen)

Bildbetrachtung:
Franziskus als Mönch mit ausgebreiteten Armen (S. 81/82):
Menschen, Tiere, Vögel suchen seine Nähe und seinen Schutz –
Baum, Natur, Friedenstaube, Sonne als Zeichen seiner Schöpfungsverbundenheit …

Wohn- und Geschäftshaus „Bernardone“ (Kopiervorlage S. 80) vorzeigen,
Vermutungen dazu aussprechen lassen, Tür öffnen lassen und nachsehen, Stoffe/Tuche im Haus entdecken, Schülerreaktionen abwarten – weitere feine Stoffe auslegen.

Lehrerdarbietung Text 1: Kindheit und Jugend
Schüleräußerungen
Bild des jungen Francesco (S. 83) zeigen und beschreiben lassen.
Buchseite 1 austeilen, am Platz lesen, Kinder malen entsprechendes Bild zum Text – kreatives Gestalten unter Verwendung von feinen Stoffresten – Würdigen der Ideen und Bilder.

2. Kapitel: Die Umkehr – Franziskus ändert sein Leben

Stuhlkreis: Haus Bernardone – Bild des jungen Francesco – Stoffe
Wortkarte „Franz von Assisi“ zur Wiederholung auslegen
Fußabdrücke (S. 85) aus Tonpapier hinzufügen

Mögliche Schüleräußerungen:
- Francesco war ein lebhaftes Kind, verließ gerne das Haus, um mit Freunden draußen zu spielen;
- das Stillsitzen in der strengen Klosterschule fiel ihm schwer;
- er war als Jugendlicher häufig in den Gassen von Assisi unterwegs;
- er rannte einmal einem Bettler voll Mitleid hinterher;
- Lebensweg, Wegmotiv.

Lehrerdarbietung Text 2: Die Umkehr – Franziskus ändert sein Leben
Bildbetrachtungen:
„Mit Straßenbettlern vor einer Kirchentür in Rom“ (S. 86)
„Rückkehr nach Assisi“ (S. 87)

Weitere Fußspuren auslegen und Richtungsänderung vornehmen!
Schülerreaktionen abwarten:
L: Franziskus ändert sein Leben, er fängt ein „neues“ Leben an …
Austeilen der Buchseite 2 – lesen – malen eines passenden Bildes, individuelle Bildbeschriftung – vorstellen und würdigen der Arbeiten.

3. Kapitel: Franziskus und die „Minderbrüder“

Stuhlkreis: Fußabdrücke von Kindern aufbauen lassen – Richtungswechsel beachten!
In die 1. Spur die feinen Stoffe auslegen lassen;
neu: grober Stoff (Jute, Sackleinen), Kordel/Strick, evtl. Stroh;
Tau-Kreuz zeigen (S. 87) – Schülervermutungen dazu

Lehrerdarbietung Text 3: Franziskus und die „Minderbrüder“
Bildbetrachtungen:
„Christus-Ikone von San Damiano“ (S. 13)
„Wiederaufbau des Kirchleins“ (S. 88)
„Die Minderbrüder“ (S. 89)

Vorbereitete, etwas größere Fußabdrücke nach dem Wandel den Fußspuren des Franziskus unterlegen: „Jesus ist mein Weg. Ich will seinen Spuren folgen.“
Bearbeiten der Buchseite 3 am Platz.

4. Kapitel: Franziskus und die Menschen

Stuhlkreis: Wiederholung anhand der Bilder aus Kapitel 3
Bildbetrachtung: Franziskus und die Menschen (S. 90)
Blinde, Lahme, Junge und Alte kommen zu ihm.

Lehrerdarbietung Text 4 und
Bearbeiten der 4. Buchseite

Hausaufgabe: Informationen sammeln zum Thema „Kreuzritter/Kreuzzüge" (Sachbücher, Lexika, Internet ...). Die Kinder erarbeiten für die nächste Stunde Kurzreferate, möglichst in Partner- oder Gruppenarbeit (nach Absprache).

5. Kapitel: Franziskus und der Sultan

Präsentation der Schülerreferate (Hausaufgaben)
Lehrerdarbietung Text 5 (im Stuhlkreis): **Franziskus vor dem Sultan**
Bildbetrachtung: „Franziskus begegnet dem Sultan" (S. 91)
Bearbeitung der Buchseite 5 mit Arbeitsauftrag: Gespräch des Franziskus mit dem Sultan (Partner- oder Gruppenarbeit) – Präsentation des Dialogs.

6. Kapitel: Franziskus und die Tiere

Stuhlkreis: L: Wie wird Franziskus mit Tieren umgegangen sein?
Erinnerung an das Eingangsbild: Franziskus (S. 82)
Lehrerdarbietung Text 6: Franziskus und die Tiere – Von Begebenheiten und Legenden
Bildbetrachtung: „Der Wolf von Gubbio" (S. 92)
Lesetexte: Buchseite 6/7, Bildgestaltung/Bildbeschriftung
Gebetsblatt (S. 66) des Franziskus vorzeigen:
„Alle Geschöpfe der Erde ..."

Hausaufgabe: Tierbilder sammeln (Fotos, Zeitschriften, Illustrierte)
Tiere, denen es gut geht – Tiere, die leiden/zu den Gebeten aufkleben
L: Was könnten wir tun? (Schüleräußerungen)

7. Kapitel: Franziskus und die Pflanzen

Vorstellen der Hausaufgaben: Tier-Collagen
Sprechen der Franziskus-Gebete

Lehrerdarbietung Text 7: Franziskus und die Pflanzen und
Bildbetrachtung – Bearbeiten der Seite 7 – Texteintrag:

„Gott ist der Vater aller Menschen, Tiere und Pflanzen.
Wir müssen wie Brüder und Schwestern
in Frieden miteinander leben."
Franz von Assisi

Lernziel: Erziehung zum respektvollen Umgang mit der Schöpfung!
Hausaufgabe: Suchen und sammeln von passenden aktuellen Bildern und Texten für Pinnwand oder Ausstellungstisch (Pflanzen – Bäume/Wälder – Umweltschutz – Brüderlichkeit).

8. Kapitel: Der Sonnengesang des Franz von Assisi

L: Krank und fast blind dichtete Franziskus ein Loblied auf Gottes Schöpfung.
Text (in vereinfachter Sprache von R. Krenzer, S. 41 f.) vorstellen, lesen
- Herausarbeiten, wer ebenfalls als Bruder und Schwester bezeichnet wird.
- Anhören „Ein Lied für die Sonne, die strahlende Schwester" (CD Jöcker)
- Mitlesen, Mitsingen
- Überlegungen zu tänzerischen Ausdrucksformen (s. S. 29)
- Sonne, Mond und Sterne (im Kunstunterricht gebastelt) und farbige Tücher auslegen;
- Gegenstände und Farben den Liedstrophen zuordnen; alle Kinder am „Sonnengesang" beteiligen: 1 x Sonne, 1 x Mond, viele Sterne, 2 x Wind, 2 x Wasser, ca. 5 x Feuer, 1 x Leben, 1 x Tod;
- viele bunte Tücher für Früchte und Blumen;
- Tänzerisches Umsetzen des Liedes: erste Tanz- und Bewegungsversuche zur Musik.

Während des Probens mit Teilgruppen können die gerade nicht beteiligten Kinder das Arbeitsblatt 8, Kapitel „Sonnengesang" bearbeiten.

Hausaufgabe: Text sehr gut lesen, erstes Auswendiglernen

9. Kapitel: Franz von Assisi – ein Lebenskreis schließt sich

Wiederholung: „Sonnengesang";
lesen – sprechen – singen – tanzen
Bildbetrachtung: „Franziskus, mit/leidend" (s. S. 13) und/oder „Der Tod des hl. Franziskus" (s. S. 14)

Lehrerdarbietung Text 9: Franziskus – ein Lebenskreis schließt sich
Nach Bearbeitung des letzten Arbeitsblattes: Vorstellen der eigenen Gedanken und Meinungen.
Austeilen der Deckblätter für das eigene Buch – Binden der Bücher.
Hausaufgabe: Deckblatt selbst gestalten/oder Deckblatt-Vorlage bemalen.

Zu b)
Lernen an Stationen/Freiarbeit (zur Vertiefung und Ergänzung)

Die folgenden Materialien sind vornehmlich für offene Unterrichtsformen gedacht. Sie bieten individuelle Lernmöglichkeiten und können von Kindern im Rahmen von Frei- und Stationsarbeit eigenständig bearbeitet werden. Sie enthalten Kopiervorlagen mit Kontrollmöglichkeiten zur Vertiefung und Festigung des Erfahrenen, Bastel-, Mal- und Schreibarbeiten, sowie Anregungen zu Spielszenen. Durch unterschiedliche Aufgabenstellungen und Arbeitstechniken werden die Kinder vielseitig angeregt. Selbstständigkeit und Teamfähigkeit werden gefördert und Interessenlage, Produktivitäts- und Leistungsvermögen berücksichtigt.

1. Steckbrief: Franz von Assisi
2. Franziskus-Puzzle
3. Franziskus-Kastenrätsel
4. Bruder Mond – Schwester Sonne
5. Ein Brief aus Assisi (freies Schreiben)
6. Franziskus und Klara
6. Ein Detektiv-Spiel
7. Wenn Franz von Assisi heute zu uns sprechen würde... (Sprechblasen beschriften)
8. Wie Franziskus die Geburt von Jesus feierte
9. Ein Interview (Reporterspiel)
10. Ein Tau-Kreuz (basteln/malen)
11. Leporello: Mein Sonnengesang
12. Gebete des Franz von Assisi
13. Ein Rosenkreuz

14. Italienisch – Deutsch (die Seite für kleine Dolmetscher)
15. Stabpuppenspiele (S. 70–74)
    Zu empfehlende **reale Spielszenen** für Partner- und Gruppenarbeit:
    - Franziskus und der Bettler im Tuchladen seines Vaters
    - Franziskus trifft seine früheren Freunde
    - Franziskus gewinnt neue Freunde: die Minderbrüder
    - Franziskus hilft Armen und Kranken
    - Franziskus und der Sultan

Von einer Spielszene, die den Disput zwischen Franziskus und seinem Vater zeigt, würde ich absehen.
Neben realen Spielszenen können die Kinder auch Szenen mit **Stabpuppen** durchführen.
Die Stabpuppenspiele können vor selbst gemalten Kulissen in Szene gesetzt werden.
Hintergrundkulissen: Das Haus Bernardone – Straßenszene in Assisi – Wald – mediterrane Landschaft – Im Zelt/Palast des Sultans – Gegenwartsszene

Tipps:
Während der gesamten Unterrichtsreihe das Sammeln und Ausstellen von Büchern und entsprechenden Materialien ermöglichen:
Ausstellungstisch/Wandzeitung/Collagen/Bodenmandala ...
Eventuell kann der Besuch eines Senioren- oder Tierheims ermöglicht werden.
Auch das Einladen eines Franziskanerpaters wird zum Erlebnis.

Zu c)
Gottesdienstmodell
Ökumenischer Gottesdienst mit Angehörigen
Präsentation von Elementen aus der Unterrichtsreihe

Zu d)
Gemeinsames Frühstück mit Präsentation von Unterrichtsergebnissen:
- Collagen
- Auslegen der persönlich gestalteten Franziskus-Bücher
- Vorführen kleiner Spielszenen

Neben der Erinnerung an Franz von Assisi und seine Botschaft erfahren die Kinder eine Würdigung ihrer Arbeiten. Gleichzeitig können auch Impulse an die Anwesenden und zusätzlich nach außen gegeben werden.

IV. Vorlesetexte/Der Lebensweg des Franz von Assisi

Lehrerdarbietung Text 1

1. Kapitel: Kindheit und Jugend

Es war vor vielen hundert Jahren im Mittelalter. Da lebte in der Stadt Assisi in Italien der reiche Kaufmann Pietro Bernardone. Pietro war ein angesehener Tuchhändler. Seine Frau Pica Giovanna kam ursprünglich aus Frankreich.

Eines Tages war die Freude groß im Hause Bernardone, ein Nachkomme sollte geboren werden. Doch bald schon musste Vater Pietro zu einer Geschäftsreise nach Frankreich aufbrechen. Während dieser Zeit brachte seine Frau das Kind zur Welt. Es war ein Junge. Liebevoll ließ die Mutter ihn auf den Namen Giovanni taufen.
Als der Vater zurückkehrte, konnte er es kaum erwarten, seinen Sohn in die Arme zu schließen. Zwei muntere dunkelbraune Augen blinzelten ihn an. Dieser kleine Junge sollte einmal sein Erbe werden und das elterliche Geschäft übernehmen. Der Vater war stolz auf seinen Sohn. Nur eins gefiel ihm nicht, das war der Name Giovanni. Ob nicht ein französischer Name vornehmer klingen würde? Der könnte an seine erfolgreichen Handelsgeschäfte mit Frankreich erinnern. Und so nannte er seinen Sohn „Francesco", kleiner Franzose.

Francesco war ein fröhliches, lebhaftes Kind. Von seinen Eltern wurde es behütet und verwöhnt. In einer Klosterschule lernte Francesco lesen, schreiben und rechnen, dazu Französisch und Latein. Das Stillsitzen und Lernen in der strengen Klosterschule gefiel Francesco nicht besonders. Viel lieber spielte er mit seinen Freunden in den Gärten, Gassen und Weinbergen der Stadt. Die Kinder mochten ihn. Sie waren begeistert von seinen Ideen, seinem Mut und von wilden Ritterspielen. Und immer verhielt sich Francesco freundlich und gerecht.

Francesco wuchs heran. Sein Vater gab ihm die feinsten Kleider und viel Geld. Einmal schenkte er ihm ein schönes Pferd. Damit ritt Franziskus oft aus. Wie gerne würde er Ritter, Spielmann oder Dichter werden, aber nicht Kaufmann wie sein Vater.
Hin und wieder half Francesco im Geschäft seiner Eltern beim Verkauf. Eines Tages betrat ein Bettler den Tuchladen und bat um ein Almosen. Das passte nicht zum vornehmen Geschäft des Vaters, und Francesco schüttelte heftig den Kopf. Doch kaum hatte der Bettler den Laden verlassen, lief Franziskus hinter ihm her und reichte ihm eine Münze.
Francesco hatte viele Freunde. Alle in Assisi kannten ihn. Bei jedem Fest war er dabei. Er aß und trank mit ihnen und feierte oft bis spät in die Nacht. Dann zogen sie singend und lachend durch die Straßen und Gassen von Assisi, waren lustig und spielten tolle Streiche. Mutter Pica musste ihren Sohn oft ermahnen. Aber niemand war Francesco ernsthaft böse, denn er war höflich und hilfsbereit.

Lehrerdarbietung Text 2

2. Kapitel: Die Umkehr – Franziskus ändert sein Leben

Es war im Jahr 1202. Zwischen den Städten Assisi und Perugia brach ein Streit aus. Viele Männer zogen in den Krieg, auch der 20-jährige Francesco. Er wollte wie ein Ritter für seine Stadt Assisi kämpfen. Es wurde eine blutige Schlacht. So viel Leid und Elend hatte er noch nicht gesehen. Assisi unterlag, und Franziskus geriet in Gefangenschaft. Im Kerker von Perugia erkrankte er schwer. Da dachte er über sein Leben nach. Nach einem Jahr gelang es seinem Vater endlich, ihn freizukaufen. Abgemagert und krank kehrte Francesco nach Assisi zurück. Die Mutter erkannte ihren Sohn kaum wieder. Sie pflegte ihn gesund, aber innerlich hatte er sich verändert.
Franziskus mochte nicht mehr gerne Feste feiern, mit Freunden durch die Straßen ziehen oder mit ihnen auf die Jagd gehen. Je ausgelassener seine Kameraden feierten, desto unwohler fühlte er sich. Er suchte Ruhe und Einsamkeit. Sein Leben sollte anders werden.

Einmal begegnete Franziskus einem Kranken, der unter Aussatz litt. Seine Hände und sein Gesicht waren schrecklich entstellt. Francesco war entsetzt und ekelte sich vor den eitrigen Entzündungen. Aber dann ging er voll Mitleid auf den Kranken zu. Er verband seine Wunden, schenkte ihm ein Geldstück und umarmte ihn.

Eine Reise führte ihn in die Hauptstadt Italiens, nach Rom. Auf seinem schönen Pferd und in feinen Kleidern ritt er in die prächtige Stadt. Da entdeckte er vor einer Kirchentür die allerärmsten Leute, Männer, Frauen und Kinder. Sie waren hungrig und froren in ihren alten zerlumpten Kleidern. Weil sie gar nichts besaßen, mussten sie betteln.
Franziskus redete mit ihnen und setzte sich zu ihnen. Dann schenkte er ihnen seinen kostbaren Mantel und seine feinen Lederschuhe. Er selbst nahm sich einen lumpigen Umhang. Dann erzählten und lachten sie miteinander und bettelten gemeinsam. Franziskus blieb einen ganzen Tag bei den Armen und hungerte und fror mit ihnen. Nun spürte er das Armsein am eigenen Körper.
Als er nach Assisi zurückkehrte, trug er den lumpigen Umhang des Bettlers.
Die Eltern waren entsetzt, als sie ihren Sohn so sahen. Der Vater schimpfte und drohte, und die Nachbarn und Freunde sagten: „Francesco muss verrückt im Kopf geworden sein!“

Lehrerdarbietung Text 3

3. Kapitel: Franziskus und die „Minderbrüder“

Nach dem Streit mit seinem Vater verließ Franziskus sein Elternhaus. Er trug jetzt ein einfaches Gewand, nur von einer Kordel gehalten.

Er wanderte durch Assisi und kam zur Kirche San Damiano. Das Kirchlein war schon sehr alt, die Mauern halb verfallen und die Fenster blind vom Staub.
Franziskus ging in die Kirche hinein und setzte sich vor ein Kreuzbild, um zu beten. Da war es ihm, als hörte er eine Stimme: „Francesco, geh und bau mein Haus wieder auf!“ Hatte er geträumt oder war es Wirklichkeit?
Franziskus zögerte nicht lange. Er bettelte um Baumaterial, schleppte Steine und Mörtel herbei und begann, das Kirchlein San Damiano wieder aufzubauen. Als die Kirche fertig war, staunten alle Leute.

Nicht weit von Assisi lag der kleine Ort Portiuncula. Auch dort baute Franziskus ein verfallenes Kirchlein wieder auf. Hier spürte er ganz deutlich: „Ich will kein Ritter werden, sondern den Armen und Kranken helfen, so wie Jesus es damals vorgelebt hat. Seinen Fußspuren will ich folgen und seine Botschaft durch das Land tragen: Seid hilfsbereit, achtet einander und haltet Frieden.“

Die Leute in der Gegend sprachen viel von Franziskus. Eines Tages kam jemand zu ihm, der genauso leben wollte wie er. Es war Bernardo, ein reicher Kaufmann. Bald kamen auch andere dazu: der Rechtsgelehrte Pietro, der Bauer Ägidius, Filippo, Leonardo, Angelo, Leo, Rufino, Benedikt und der Priester Silvester. Sie wurden Freunde und nannten sich „Brüder“. Alle, die mit Franziskus zusammen leben wollten, mussten sehr bescheiden sein. Rund um das Kirchlein Portiuncula wohnten die Brüder in einfachen Hütten aus Reisig und schliefen auf Stroh. Nur wer krank war, erhielt ein Kissen mit Federn gefüllt. Alle trugen einfache braune Kutten und fasteten häufig.

Von Portiuncula aus wanderten sie in die Städte und Dörfer, pflegten Kranke, predigten und nahmen für ihre Arbeit keinen Lohn. Weil sie nur wenig besaßen, nannten sie sich „Minderbrüder“.

Juliane Linker: Franz von Assisi · Best.-Nr. 082

Lehrerdarbietung Text 4

4. Kapitel: Franziskus und die Menschen

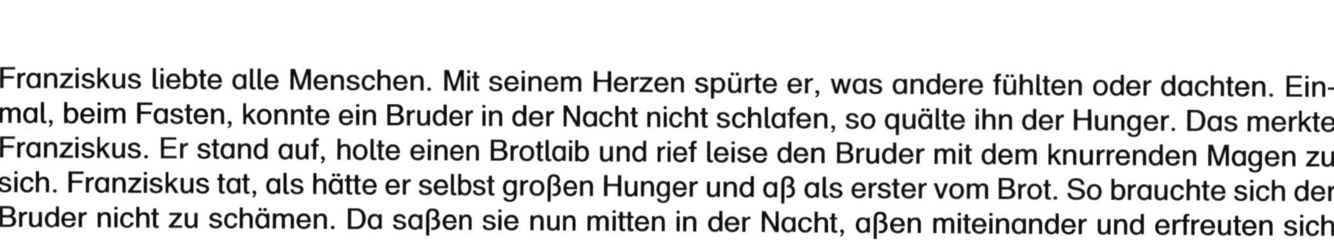

Franziskus liebte alle Menschen. Mit seinem Herzen spürte er, was andere fühlten oder dachten. Einmal, beim Fasten, konnte ein Bruder in der Nacht nicht schlafen, so quälte ihn der Hunger. Das merkte Franziskus. Er stand auf, holte einen Brotlaib und rief leise den Bruder mit dem knurrenden Magen zu sich. Franziskus tat, als hätte er selbst großen Hunger und aß als erster vom Brot. So brauchte sich der Bruder nicht zu schämen. Da saßen sie nun mitten in der Nacht, aßen miteinander und erfreuten sich am guten Brot.

Trotz aller Armut behielt Franziskus seine Fröhlichkeit. Einmal wollte er den Brüdern ein Lied vorspielen. Da holte er zwei Stöcke und hielt sie wie eine Geige mit Bogen. Und er fidelte und sang ein Lied von der Freude und vom Frieden.

In einem kalten Winter bat er seine reichen Freunde um warme Mäntel. Die behielt er aber nicht für sich, sondern verschenkte sie an Arme.
Wenn Franziskus sah, wie einer mühsam Holz nach Hause schleppte, half er und nahm das Bündel auf seine eigenen Schultern.

Franziskus hatte ein Herz für alle Menschen. Nur eines konnte er nicht leiden: wenn jemand schlecht über andere redete oder wenn einer überheblich und eitel war.

Franziskus kümmerte sich besonders um Menschen, die schwach, krank oder ausgegrenzt waren. Er hatte Augen für alle, die Hilfe brauchten.
In Gubbio traf er einmal eine Frau mit gelähmten Händen. Franziskus hatte Mitleid mit ihr. Er legte die gelähmten Hände in seine Hände und betete mit der Kranken. Da ging es ihr gleich viel besser. Aus Dankbarkeit backte die Frau einen Kuchen und schenkte ihn Franziskus. Er aß ein Stück davon und lobte den leckeren Kuchen. Was übrig war, sollte die Frau an ihre Kinder verteilen.

Einmal brachten Eltern ihren kranken Jungen zu Franziskus. Das Kind hatte starke Krämpfe und krümmte sich vor Schmerzen. Franziskus nahm den Jungen vorsichtig in seine Arme und sprach mit ihm. Da hörten die Schmerzen auf, und das Kind lachte wieder.
Ein andermal tastete sich eine blinde Frau zu Franziskus. Voll Vertrauen suchte sie seine Nähe. Als sie von ihm ging, soll sie wieder sehend gewesen sein.
Immer mehr Kranke kamen zu Franziskus. Freundlich und fröhlich ging er auf sie zu und nahm sich Zeit für alle. Jeder, der in seiner Nähe war, wer ihn sah oder reden hörte, fühlte sich gleich viel besser.

Lehrerdarbietung Text 5

5. Kapitel: Franziskus beim Sultan

Man schrieb das Jahr 1219, der 5. Kreuzzug fand statt. Viele Ritter zogen in den Krieg, um das Heilige Land aus den Händen der Muslime zurückzuerobern. Franziskus wollte, dass auch Menschen mit anderem Glauben von Jesus erfahren sollten. Aber es musste friedlich geschehen, ohne Kampf und Gewalt. So mischte er sich unbewaffnet unter die Schar der Kreuzritter und schloss sich einer Gruppe an. Es war eine anstrengende Reise zu Pferd, zu Fuß und mit dem Schiff.
Im fremden Land angekommen, machte sich Franziskus auf den Weg zum feindlichen Lager. Bald schon wurde er aufgegriffen und gefangen genommen. Im Feldlager der Araber bat er um ein Gespräch mit dem Sultan Melek-al-Kamil. Franziskus hatte Glück. Der Sultan stimmte einem Treffen zu, und Francesco wurde ins Innere eines Palastes geführt. Hier kam es zu einer ungewöhnlichen Begegnung: ein Bettelmönch stand vor dem Thron des Sultans, ein Christ aus dem Abendland begegnete einem Muslim im Orient, und ringsherum tobten erbitterte Kämpfe.

„Wer bist du, und was führt dich zu mir?“, fragte der Sultan.
Franziskus begann zu reden und nannte den Grund seiner Reise. Dann sprach er von Gott und Christus, von Frieden und Versöhnung.
Der Sultan war tief beeindruckt von den guten Umgangsformen des Bettelmönchs, von dessen Feinheit und Sicherheit und von der Kraft seiner Worte. Aber dann fragte er:
„Warum führen Christen diese grausamen Kriege gegen uns? Warum wollen sie unser Land erobern? Hört endlich auf, uns zu belagern! Du sprichst von einem Gott der Liebe und von der Friedfertigkeit des Jesus Christus. Und was macht ihr?
Franziskus entgegnete:
„Jesus will keine Kriege. Er will, dass alle Menschen sich verstehen. Er will allen Erlöser und Retter sein. Wurde er nicht selbst verfolgt und getötet? Am Kreuz hat er seinen Feinden noch vergeben. – Auch wir müssen lernen, miteinander zu reden, nicht zu kämpfen. Lass uns den Anfang machen! Gott ist unser aller Vater, er hat uns erschaffen. Lass uns wie Brüder und Schwestern in Frieden zusammenleben.“

Der Sultan war ein gebildeter Mann und hörte Franziskus aufmerksam zu. Er gab Franziskus ein Friedensangebot für die Kreuzfahrer mit und gestattete ihm, in seinem Land frei zu predigen. Doch immer wieder kam es zu blutigen Kämpfen und grausamen Morden. Franziskus spürte auch, dass der orientalische Herrscher und seine Untertanen Christus nicht anerkennen würden.

So kehrte er nach Italien zurück. Er war erschöpft und litt an einer Augenkrankheit. Er spürte, dass Gott ihn für die Menschen im eigenen Land bestimmt hatte und nicht für die Menschen im fernen Morgenland.

Lehrerdarbietung Text 6

6. Kapitel: Franziskus und die Tiere

Franziskus liebte auch alle Tiere.
Einmal schenkten Leute den Brüdern einen Hasen. Der hatte vor Franziskus keine Angst. Er hoppelte zutraulich auf ihn zu und ließ sich wie ein Hündchen streicheln. Dann sprang er auf seinen Schoß. Franziskus lachte und nannte ihn: „Mein Bruder Hase“.

Einmal kam Franziskus an einen Platz, da saßen viele Vögel in den Bäumen. Lerchen, Schwalben, Rotkehlchen und Tauben tummelten sich um ihn herum. Sie sangen, zwitscherten und gurrten. „Ihr lieben Vögel“, rief er ihnen zu. „Wie schön eure Lieder klingen! Dankt eurem Schöpfer für Federkleid und Nahrung und lobt ihn mit eurem Gesang!“ Als er so mit ihnen redete, saßen sie still, als hörten sie ihm zu.

Franziskus fuhr einmal mit einem Fischerboot. Da ging ein schöner Fisch ins Netz. Der Fischer wollte ihn Franziskus schenken. Franziskus nahm den Fisch, dankte und – setzte ihn zurück ins Wasser. Dann rief er ihm zu: „Lass dich nicht wieder fangen, Bruder Fisch! Sei klug und schwimm weg!“

Ein reicher Mann hatte den Brüdern einen Fasan geschenkt, den sollten sie am Sonntag braten. Franziskus ließ den armen Vogel in einen Weinberg tragen. Doch der Fasan rannte zu Franziskus zurück. Nun gab er ihn noch weiter weg an einen Freund. Im fremden Haus wurde der Fasan so traurig wie ein Gefangener und fraß und trank nicht mehr. Als er wieder zurück zu Franziskus kam, pickte er gleich sein Futter auf. Nun durfte er für immer bei seinem Freund Franziskus in Portiuncula bleiben.

Auf dem Weg zur Stadt begegneten die Brüder einem Mann, der zwei Lämmchen an einem Strick daherzerrte. Als Franziskus die Lämmer schreien hörte, hatte er sofort Mitleid. Er ging auf den Mann zu, streichelte die Tiere und beruhigte sie. Dann fragte er: „Warum quälst du meine Brüder, die Lämmer?“ Der Mann antwortete. „Ich muss sie zum Markt bringen, weil ich Geld brauche.“ Daraufhin fragte Franziskus: „Und was wird mit ihnen geschehen?“ Der Händler entgegnete: „Die Käufer werden sie schlachten und essen.“ „Das soll nicht geschehen“, erwiderte Franziskus. Und er tauschte die Lämmer für einen Mantel ein, den er geschenkt bekommen hatte. Den Mann bat er, die Lämmer zu behalten und zu pflegen. Und er gab ihm den Auftrag, den Tieren kein Leid mehr anzutun.

In der Stadt Gubbio versetzte ein reißender Wolf die Bewohner in Angst und Schrecken. Die Leute warnten vor dem wilden Tier und wollten es töten. Franziskus hatte Mitleid mit den Menschen und mit dem Tier. Da ging er auf den Wolf zu und sprach mit ihm. „Bruder Wolf, tu niemandem mehr etwas an. Auch die Menschen sollen dich nicht weiter verfolgen.“ Der Wolf neigte den Kopf und legte seine Pfote in die Hand des Franziskus. Wie sich da die Menschen wunderten! Noch zwei Jahre lebte der Wolf in der Gegend von Gubbio. Er wurde zutraulich und ließ sich von den Menschen füttern, ohne jemandem ein Leid anzutun.

Lehrerdarbietung Text 7

7. Kapitel: Franziskus und die Pflanzen

Einmal brauchten die Brüder Holz. Zwei Brüder gingen daher in den nahen Wald, um Bäume zu fällen. Franziskus ermahnte sie: „Ihr müsst die Brüder Bäume nur so hoch abschlagen, dass sie weiterwachsen können und nicht absterben. Auch sie sollen leben."
Da schauten sie sich die schönen Bäume an und erfreuten sich an ihrer Pracht.
Und die Brüder schlugen die Bäume immer nur so hoch ab, dass sie weiterwachsen konnten.

Ein anderes Mal kam Franziskus mit einigen Brüdern an einem bunten Blumenfeld vorbei. Als er die leuchtende Pracht sah, blieb er stehen und sagte: „Wie schön ihr erschaffen seid in euren Blütenkleidern." Und er erfreute sich an der Schönheit und am Duft der Blumen.

Den Brüdern sagte er:

„Gott ist der Vater aller Menschen, Tiere und Pflanzen.
Wir müssen wie Brüder und Schwestern in Frieden
miteinander leben."

Dann gingen sie weiter und sangen ein Lied, in dem sie Gott für seine schöne Schöpfung dankten.

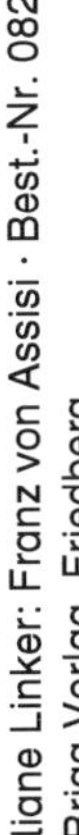

Lehrerdarbietung Text 8

8. Kapitel: Der Sonnengesang des Franz von Assisi

Franziskus wurde krank. Er hatte große Schmerzen. Seine Augenkrankheit verschlimmerte sich, und er konnte kaum noch sehen. Fast erblindet dichtete er den berühmten Sonnengesang (S. 11), ein Loblied auf Gottes schöne Schöpfung[1].

Ein Lied für die Sonne

Ein Lied für die Sonne, die strahlende Schwester.
Sie bringt uns das Licht und den Tag.
Drum will ich dich loben, mein Herr und mein Höchster,
so gut ich es selber vermag.

Ein Lied für die Sterne, den Mond, meinen Bruder.
Du ließest sie leuchten für mich.
Du schenktest dem Himmel unendliche Schönheit.
Mein Herr, dafür preise ich dich!

Dem Wind, meinem Bruder, will freudig ich singen,
der Luft, die frei atmen mich lässt.
Ich danke dir, Herr, für den Wind, meinen Bruder,
der mir durch die Haare jetzt bläst.

Ein Lied für das Wasser, die freundliche Schwester,
die alles, was Leben hat, tränkt.
Ein Lied für das Feuer, den leuchtenden Bruder,
der Wärme und Zuversicht schenkt.

Ein Lied für die Erde, die Schwester, die Mutter,
die uns stets ernährt und erhält.
Ich danke dir, Schöpfer, für Früchte und Blumen
und diene dir, Herr, in der Welt.

Ein Lied für das Leben, den Bruder, den Vater.
Du stelltest mich mitten hinein.
Ich wache und schlafe. Ich denke und träume
und fühle mein eigenes Sein.

Ein Lied für den Bruder am Ende des Lebens.
Ein Lied meinem Bruder, dem Tod.
Er nimmt Hast und Angst weg, schenkt Ruhe und Frieden
und führt mich zu dir, großer Gott.

Ich lobe und preise und danke und diene
so recht und so schlecht ich's vermag.
Ich singe dem Höchsten, dem Herrn, meinem Schöpfer,
voll Demut mein Lied Tag für Tag.

Text: Rolf Krenzer
Musik: Detlev Jöcker/Lele Oppenheimer

1 Zum besseren Verständnis für die Kinder wird hier der „Sonnengesang" durch „Ein Lied für die Sonne" ersetzt.

Vorschlag zum Ausdruckstanz

Bewegungen zu Strophe 1:
Während des Vorspiels stehen bzw. hocken alle Kinder still an ihrem Platz.
Zu den ersten drei Zeilen lässt ein Kind langsam eine leuchtende Sonne (aus Plakatkarton) aufsteigen. Während der weiteren Zeilen dreht sich das Kind langsam mit der aufgegangenen Sonne.

Bewegungen zu Strophe 2:
Zu Zeile 1 nehmen Kinder viele gebastelte Sterne und halten sie während des gesamten Liedes hoch. – Ab Zeile 2 steigt ein Mond dazu auf. – Zu den letzten drei Zeilen wird der Mond langsam gedreht.

Bewegungen zu Strophe 3:
Vor der Gruppe Sonne, Mond und Sterne erheben sich rechts und links zwei „Windkinder" und schwenken luftige blaue Tücher. – Sie bewegen sich zur anderen Seite hin, ihre Wege kreuzen sich dabei, sie gehen wieder zum Ausgangspunkt zurück (evtl. Wiederholung zur Musik) – die Windkinder hocken sich wieder hin.

Bewegungen zu Strophe 4
Je zwei „Wasserkinder" erheben sich vor den Windkindern links und rechts. Mit langen, duftigen, blauen Stoffbahnen führen sie Wellenbewegungen aus.
Ab Zeile 4 erheben sich die „Feuerkinder" mit kleineren gelben, roten und orangefarbenen Tüchern. Sie stehen eng im Kreis beieinander und bewegen ihre Tücher wie flackernde Feuerflammen auf und ab.

Bewegungen zu Strophe 5
In der 5. Strophe stellen Kinder in Kreisform (evtl. auch Doppelkreis) die Mutter Erde dar. Sie erheben sich und bewegen kleine bunte Tücher, die Früchte und Blumen darstellen.

Bewegungen zu Strophe 6
Aus der Mitte der Kindergruppe erhebt sich „das Leben". Ein Kind breitet langsam die Arme aus und neigt den Kopf nach links und rechts entsprechend zu Wachen/Denken und Schlafen/Träumen. Der Kopf wird dabei links und rechts auf die geschlossenen Hände gelegt.

Bewegungen zu Strophe 7
Das „Leben" wird durch den „Tod" abgelöst. Die Darstellung kann durch das gleiche oder ein anderes Kind erfolgen. „Bruder Tod" erhebt sich in der Mitte, kreuzt die Arme, schließt die Augen und versinkt wieder in der Kindergruppe.

Bewegungen zu Strophe 8
Bei der Schlussstrophe agieren alle Schüler gleichzeitig, indem sie ihre Bewegungen ausführen. Beim musikalischen Nachspiel kommen alle Mitspieler zur Ruhe. Sonne, Mond und Sterne bilden das Abschlussbild.

Lehrerdarbietung Text 9

9. Kapitel: Ein Lebenskreis schließt sich

Franziskus wurde schwächer. Seine Augenkrankheit verschlimmerte sich, und die Schmerzen nahmen zu. Er ließ sich nach Portiuncula bringen, dorthin wo er seinem Leben einen neuen Anfang gegeben hatte.
Es war an einem Tag im Herbst. Viele Weggefährten versammelten sich um Franziskus. Bei der Kapelle von Portiuncula ließ er sich auf den Erdboden legen und bat darum, ihm sein Schöpfungslied zu singen. Da sangen die Brüder ihm den Sonnengesang vor. Die Strophen von Tod und neuem Leben sprach er leise mit. Bei Einbruch der Dunkelheit hauchte er sein Leben aus.
Da sollen Lerchen aufgeflogen sein und sich über Franziskus versammelt haben.

(Eine kurze Zeit ruhig verweilen und den Kindern Möglichkeit zur Besinnung und Äußerung geben.)

Fortführung:
Das geschah am späten Abend des 3. Oktober 1226.
Am 4. Oktober wurde der Leichnam des Franziskus in einer feierlichen Prozession nach Assisi getragen.
Zwei Jahre später wurde Franziskus heilig gesprochen.
Über seinem Grab baute man die Kirche San Francesco.
Jedes Jahr, am 4. Oktober, denken die Menschen besonders an ihn.

Bezug zur Gegenwart und zu sich selbst herstellen:
- Kann uns Franziskus auch heute noch etwas sagen?
- Was findest du gut an Franziskus?
- Gibt es etwas, das du auch tun könntest?

Kinderäußerungen anhören.
Letztes Arbeitsblatt „Ein Lebenskreis schließt sich“ bearbeiten lassen.

V. Kopiervorlagen zum Schüler-Mitmachbuch

Bruder Franz von Assisi
Freund aller Menschen, Tiere und Pflanzen

Deckblatt: Bruder Franz von Assisi

1. Kindheit und Jugend
2. Die Umkehr – Franziskus ändert sein Leben
3. Franziskus und die „Minderbrüder“
4. Franziskus und die Menschen
5. Franziskus beim Sultan
6. Franziskus und die Tiere
7. Franziskus und die Pflanzen
8. Der Sonnengesang des Franz von Assisi
9. Franz von Assisi – Ein Lebenskreis schließt sich

Die Texte der folgenden Kopiervorlagen entsprechen den Kapiteln der Vorlesetexte (Lehrererzählung). Die beiden Textfassungen haben allerdings ein unterschiedliches Schwierigkeitsniveau.
Die Seiten des Schüler-Mitmachbuchs können nach dem Lesen und Besprechen von den Kindern durch Malen, Ergänzen, Beschriften kreativ und individuell gestaltet werden.

Bruder Franz von Assisi

Freund aller Menschen, Tiere und Pflanzen

Mein Name: ______________________________

Meine Klasse: ______________________________

1. Kindheit und Jugend

Es geschah vor vielen hundert Jahren im Mittelalter.
Da gab es Ritter und Fürsten, Könige und Kaiser, aber es gab auch viel Armut und Krieg. In Assisi, einer Stadt in Italien, wurde Giovanni Bernardone geboren. Sein Vater nannte ihn liebevoll FRANCESCO.

Das ist Francesco.
Sein Vater Pietro war ein reicher und angesehener Tuchhändler. Später einmal sollte Francesco das Geschäft seiner Eltern übernehmen. Der Vater gab seinem Sohn kostbare Kleider und viel Geld. Eines Tages schenkte er ihm ein schönes Pferd. Franziskus ritt gerne durch die Straßen und Gassen von Assisi und gab großzügig und gedankenlos sein Geld aus. Am liebsten wollte er Spielmann oder Ritter werden.
Franziskus hatte viele Freunde. Gerne war er mit ihnen zusammen. Er aß und trank mit ihnen und feierte oft bis spät in die Nacht. Dann zogen sie singend und lachend durch die Straßen und Gassen, waren lustig und spielten tolle Streiche.
Die Mutter musste ihren Sohn oft ermahnen.
Aber niemand war Francesco ernsthaft böse, denn er war höflich und hilfsbereit.

2. Die Umkehr – Franziskus ändert sein Leben

Im Jahr 1202 kam es zwischen den Städten Assisi und Perugia zum Streit. Franziskus zog als Ritter mit in den Krieg. Assisi unterlag, und Franziskus wurde gefangen genommen. Er sah viel Leid und erkrankte schwer. Da dachte er über sein Leben nach. Sein Vater konnte ihn nach einem Jahr freikaufen. Die Mutter erkannte ihren Sohn kaum wieder.
Danach war alles ganz anders. Franziskus mochte plötzlich nicht mehr Feste feiern, mit seinen Freunden durch die Straßen ziehen oder mit ihnen auf die Jagd gehen. Sein Leben sollte anders werden …

Einmal begegnete Franziskus einem Aussätzigen.
Franziskus war entsetzt und ekelte sich vor den eitrigen Geschwüren. Aber dann ging er auf den Kranken zu. Er verband seine Wunden, gab ihm Geld und umarmte ihn.
Ein andermal ritt er in die Stadt Rom.
Da saßen vor einer Kirchentür die allerärmsten Leute der Stadt, Männer, Frauen und Kinder. Sie trugen Lumpen, hatten Hunger und bettelten.
Franziskus spürte Mitleid und nahm sich Zeit für sie. Er redete, lachte und bettelte mit ihnen und verschenkte seinen kostbaren Mantel und seine feinen Lederschuhe.
Mit einem lumpigen Umhang kehrte er nach Assisi zurück.
Die Eltern waren entsetzt, sein Vater schimpfte, und die Leute sagten:
„Francesco muss wohl krank im Kopf sein!“

3. Franziskus und die „Minderbrüder“

Franziskus verließ sein Elternhaus. Er trug jetzt ein einfaches Gewand aus rauem braunem Stoff, von einem Strick gehalten.
Beim Gebet in der Kirche San Damiano hörte er vor dem Kreuzbild eine Stimme: „Francesco, bau mein Haus wieder auf!“ Da baute Franziskus die kleine verfallene Kirche eigenhändig wieder auf. Hier konnte er Gott besonders nahe sein.
Nicht weit von Assisi lag der Ort Portiuncula. Auch hier stellte er eine halb verfallene Kapelle wieder her. Jetzt wollte er so arm wie ein Bettler leben, den Armen helfen und die Botschaft von Jesus durch das ganze Land tragen: „Achtet einander! – Haltet Frieden! – Seid hilfsbereit!“
Bald schlossen sich andere ihm an und wurden seine Freunde. Sie nannten sich „Brüder“ und gründeten einen Orden.
Alle, die mit Franziskus zusammen waren, lebten sehr bescheiden. Sie trugen einfache braune Kutten, fasteten häufig und schliefen auf Stroh. Nur wer krank war, durfte es besser haben. Die Brüder arbeiteten tüchtig und verzichteten auf Geld.

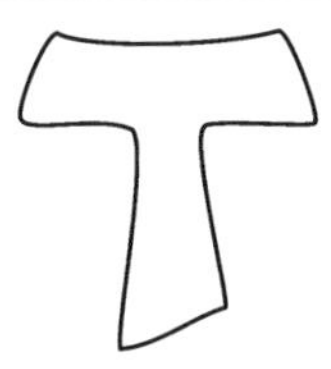

**„Jesus ist mein Weg.
Ich will seinen Fußspuren folgen.“**

4. Franziskus und die Menschen

Franziskus kümmerte sich besonders um Menschen mit Sorgen und Nöten. Er hatte Augen für die, die Hilfe brauchten. Er konnte spüren, was andere fühlten oder dachten.
In Gubbio traf er eine Frau mit gelähmten Händen. Franziskus hatte Mitleid mit ihr. Er nahm die gelähmten Hände in seine Hände und betete mit der Kranken. Da ging es ihr gleich viel besser.
Ein kleiner Junge war von Schmerzen ganz gekrümmt. Franziskus nahm ihn in den Arm. Da verschwanden die Schmerzen, und das Kind lachte wieder.
Eine blinde Frau tastete sich zu Franziskus. Voller Vertrauen suchte sie seine Nähe. Als sie von ihm ging, konnte sie wieder sehen.
Immer mehr Kranke kamen zu Franziskus. Freundlich und fröhlich sprach er mit ihnen. Allen versuchte er zu helfen. Wer ihn sah und reden hörte, fühlte sich gleich besser, und viele wurden gesund.

5. Franziskus beim Sultan

Man schrieb das Jahr 1219, der 5. Kreuzzug fand statt. Viele Ritter zogen in den Krieg, um das Heilige Land aus den Händen der Muslime zurückzuerobern. Darunter war auch Franziskus. Er hatte sich angeschlossen, aber nicht, um gegen Andersgläubige zu kämpfen. Er kam in friedlicher Absicht, ohne Hass und Gewalt.

Franziskus suchte ein Gespräch mit dem Sultan. Der hörte ihm aufmerksam zu und war beeindruckt vom mutigen Bekenntnis des Franziskus zu Frieden und Menschlichkeit.

6. Franziskus und die Tiere

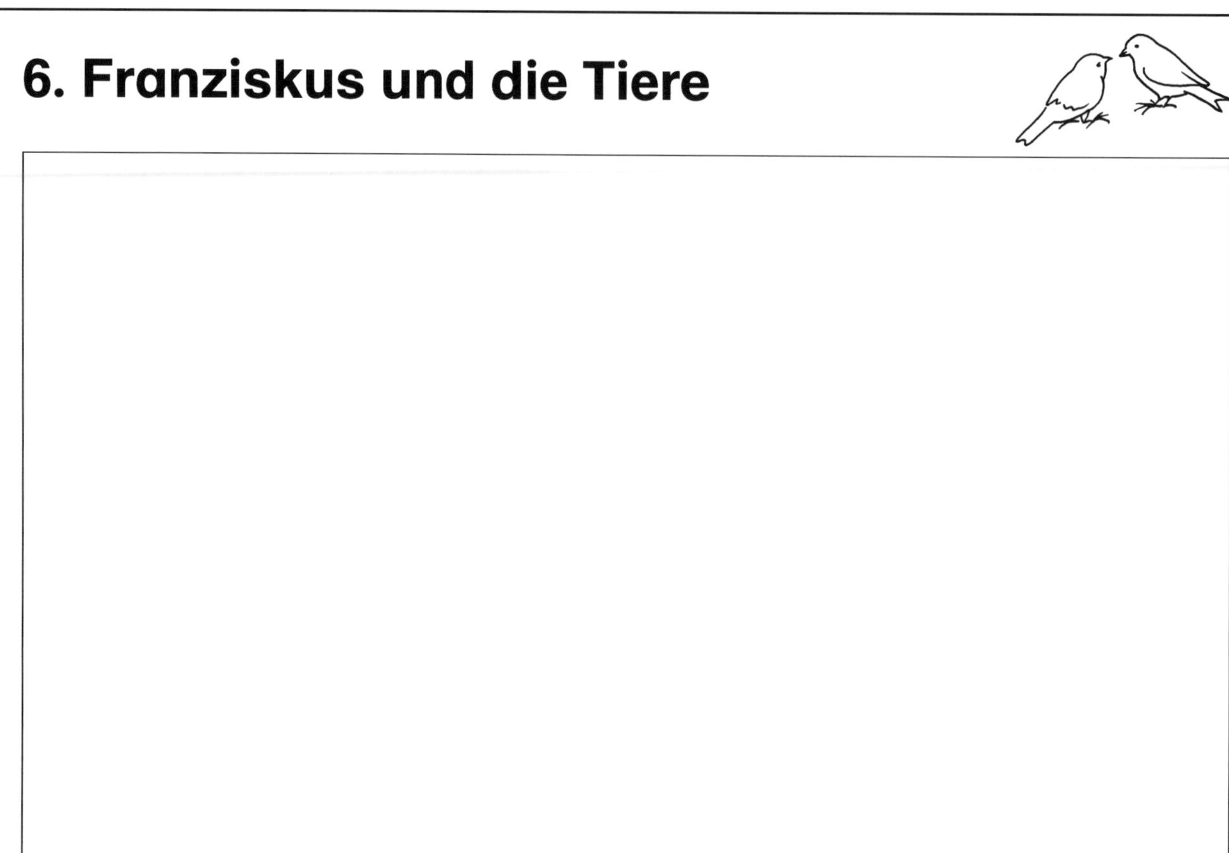

Franziskus liebte auch alle Tiere.
Einmal schenkten Leute den Brüdern einen Hasen. Der hatte vor Franziskus keine Angst. Er ließ sich wie ein Hündchen streicheln und sprang ihm auf den Schoß. Franziskus nannte ihn: „Mein Bruder Hase“.

Franziskus kam einmal an einen Platz, da saßen viele Vögel in den Bäumen. Sie sangen, zwitscherten und gurrten. „Ihr lieben Vögel“, rief er ihnen zu und redete freundlich mit ihnen.
Da saßen sie still, als hörten sie ihm zu.

Einmal fuhr Franziskus mit einem Fischerboot. Da ging ein Fisch ins Netz.
Der Fischer wollte ihn Franziskus schenken. Der nahm den schönen Fisch, bedankte sich und – setzte ihn zurück ins Wasser.
Dann rief er ihm zu: „Lass dich nicht wieder fangen, Bruder Fisch, sei klug und schwimm fort!“

Ein reicher Mann hatte den Brüdern einen Fasan geschenkt, den sollten sie am Sonntag braten. Franziskus ließ ihn in einen Weinberg tragen. Doch der Fasan rannte zurück. Da gab Franziskus das Tier seinem Freund, einem Arzt. Im fremden Haus wurde der Fasan ganz traurig und fraß und trank nicht mehr. Da trug der Arzt ihn wieder zu Franziskus zurück. Der Vogel pickte gleich sein

Futter auf. – Nun durfte er für immer bei seinem Freund Franziskus bleiben.

Auf dem Weg zur Stadt begegneten die Brüder einem Mann, der zwei Lämmchen an einem Strick daherzerrte. Als Franziskus die Lämmer schreien hörte, hatte er sofort Mitleid. Er ging auf den Mann zu, streichelte die Lämmer und beruhigte sie. Dann fragte er: „Warum quälst du meine Brüder, die Tiere? Gott ist auch ihr Vater."
Der Mann antwortete: „Ich muss sie zum Markt bringen, weil ich Geld brauche." Darauf fragte Franziskus: „Und was wird mit den Lämmern geschehen?" Der Mann entgegnete: „Die Käufer werden sie schlachten und essen." – „Das soll nicht geschehen", erwiderte Franziskus. Und er tauschte die Lämmer ein für einen Mantel, den er geschenkt bekommen hatte. Dem Mann befahl er, den Tieren kein Leid mehr anzutun.

Ein reißender Wolf versetzte die Stadt Gubbio in Angst und Schrecken.
Die Bewohner der Stadt warnten alle vor dem wilden Tier und wollten es töten. Da sagte Franziskus: „Wartet, ich versuche zu helfen." Ruhig ging er auf das Tier zu und sprach freundlich mit ihm. Er nannte den Wolf seinen Bruder und versorgte ihn mit Nahrung.
Der Wolf wurde zahm und lebte noch zwei Jahre in der Gegend von Gubbio. Er ließ sich von den Menschen füttern ohne jemandem ein Leid anzutun.

7. Franziskus und die Pflanzen

Einmal brauchten die Brüder Holz. Zwei Brüder gingen daher in den nahen Wald, um Bäume zu fällen.
Franziskus ermahnte sie: „Ihr müsst die Brüder Bäume nur so hoch abschlagen, dass sie weiterwachsen können und nicht absterben."
Daraufhin schlugen die Brüder die Bäume immer nur so hoch, dass sie weiterwachsen konnten.
Und alle erfreuten sich an der Schönheit der Bäume und an der Pracht von Blumen und Pflanzen.

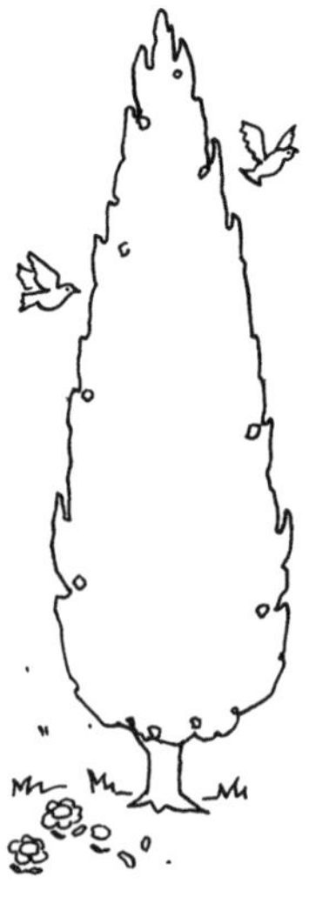

So sieht Franziskus Gottes Schöpfung. Er sagt:

8. Der Sonnengesang des Franz von Assisi

Franziskus wurde krank. Er hatte große Schmerzen. Fast erblindet dichtete er den berühmten Sonnengesang, ein Loblied auf Gottes Schöpfung.

Text: Rolf Krenzer
Musik: Detlev Jöcker/Lele Oppenheimer

Ein Lied für die Sonne

1. Ein Lied für die Sonne,
die strahlende Schwester.
Sie bringt uns das Licht und den Tag.
Drum will ich dich loben,
mein Herr und mein Höchster,
so gut ich es selber vermag.

2. Ein Lied für die Sterne,
den Mond, meinen Bruder.
Du ließest sie leuchten für mich.
Du schenktest dem Himmel
unendliche Schönheit.
Mein Herr, dafür preise ich Dich!

3. Dem Wind, meinem Bruder,
will freudig ich singen,
der Luft, die frei atmen mich lässt.
Ich danke dir, Herr, für
den Wind, meinen Bruder,
der mir durch die Haare jetzt bläst.

4. Ein Lied für das Wasser,
die freundliche Schwester,
die alles, was Leben hat, tränkt.
Ein Lied für das Feuer,
den leuchtenden Bruder,
der Wärme und Zuversicht schenkt.

5. Ein Lied für die Erde,
die Schwester, die Mutter,
die uns stets ernährt und erhält.
Ich danke dir, Schöpfer,
für Früchte und Blumen
und diene dir, Herr, in der Welt.

Juliane Linker: Franz von Assisi · Best.-Nr. 082

6. Ein Lied für das Leben,
   den Bruder, den Vater.
   Du stelltest mich mitten hinein.
   Ich wache und schlafe.
   Ich denke und träume
   und fühle mein eigenes Sein.

7. Ein Lied für den Bruder
   am Ende des Lebens.
   Ein Lied meinem Bruder, dem Tod.
   Er nimmt Hast und Angst weg,
   schenkt Ruhe und Frieden
   und führt mich zu dir, großer Gott.

8. Ich lobe und preise
   und danke und diene
   so recht und so schlecht ich's vermag.
   Ich singe dem Höchsten,
   dem Herrn, meinem Schöpfer,
   voll Demut mein Lied Tag für Tag.

Mein Schöpfungsbild

9. Franz von Assisi – Ein Lebenskreis schließt sich

Franziskus wurde schwächer. Er ließ sich nach Portiuncula bringen, dorthin, wo alles seinen Anfang nahm. Die Weggefährten versammelten sich um ihn. Ein letztes Mal sangen sie ihrem Bruder Francesco den Sonnengesang vor. Franziskus sprach die Strophe von Tod und neuem Leben mit. Bei Einbruch der Dunkelheit hauchte er sein Leben aus.
Da soll sich eine Schar Lerchen auf dem Dach des Hauses versammelt haben.

Am 4. Oktober 1226 wird die Leiche des Franziskus in einer feierlichen Prozession nach Assisi getragen. –
Zwei Jahre später wird Franziskus heiliggesprochen.
Noch heute ist der 4. Oktober sein Gedenktag.

Franziskus lebte vor vielen hundert Jahren, und man erzählt noch heute von ihm.
Ihr habt erfahren, wie er friedlich mit Menschen und Tieren umging, wie er Pflanzen und die gesamte Umwelt achtete und was er von Besitz und Wichtigtun hielt.

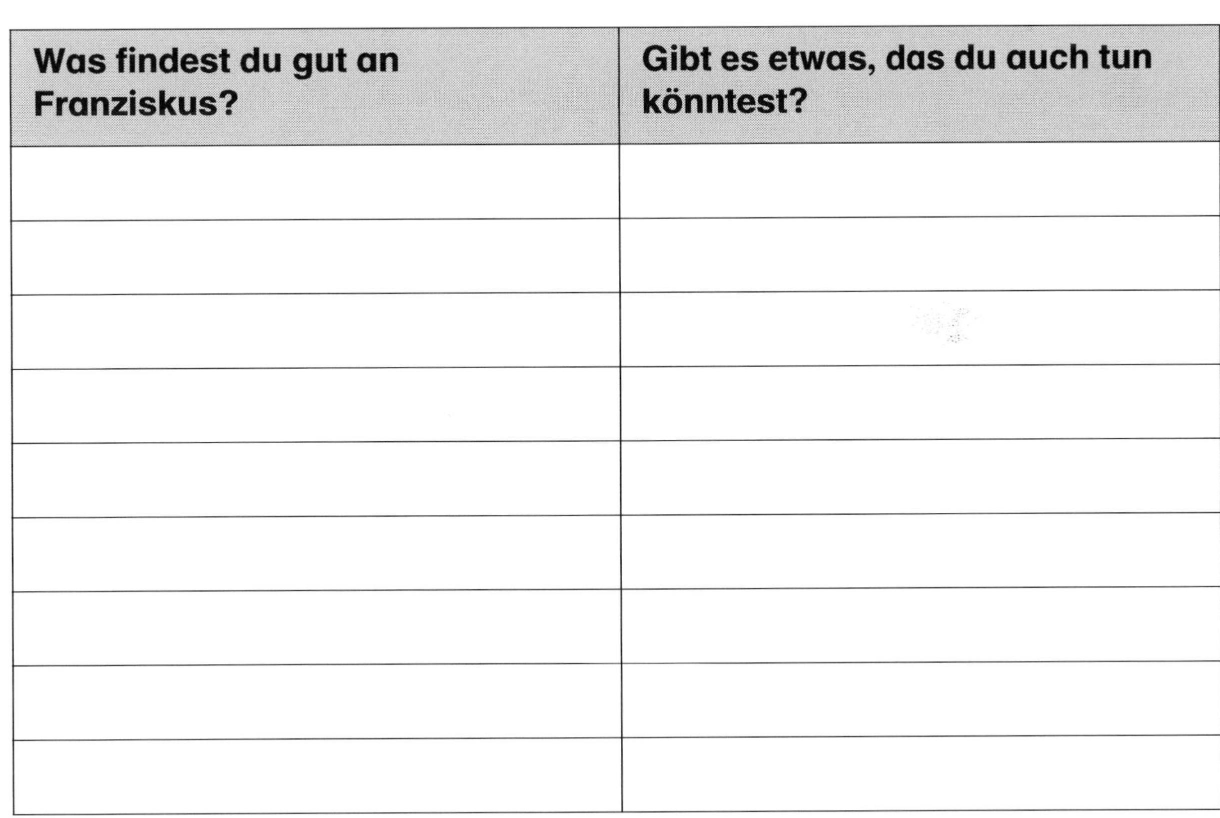

Was findest du gut an Franziskus?	Gibt es etwas, das du auch tun könntest?

VI. Materialien zur Freiarbeit (Mit Lösungen)

- Steckbrief: Franz von Assisi
- Franziskus-Puzzle
- Franziskus-Rätsel
- Bruder Mond – Schwester Sonne
- Ein Brief aus Assisi
- Franziskus und Klara
- Spurensuche: Das Leben des Franz von Assisi – ein Detektiv-Spiel
- Wenn Franz von Assisi heute zu uns sprechen würde ...
- Wie Franziskus die Geburt von Jesus feierte
- Ein Interview
- Ein Tau-Kreuz (basteln/malen)
- Leporello: Mein Sonnengesang
- Gebete des Franz von Assisi (1187–1226)
- Ein Rosenkreuz
- Italienisch – Deutsch (die Seite für kleine Dolmetscher)
- Stabpuppenspiele (Szene 1–7)/Kopiervorlagen für die Stabpuppen

STECKBRIEF

Geburtsname: ____________________
Vor- und Zuname

Rufname: ____________________
italienisch

Name: ____________________
deutsch

geboren: ____________________
gestorben: ____________________

Geburtsort: ____________________

Land: ____________________

Beruf: ____________________

Beruf des Vaters: ____________________

Besonderheiten aus dem Leben:

____

____

____

____

____

Sein Gedenktag: ____________________

STECKBRIEF (Lösung)

Geburtsname: Giovanni Bernardone
Vor- und Zuname

Rufname: Francesco
italienisch

Name: Franziskus (Franz)
deutsch

geboren: * 1181/82
gestorben: † 3. Oktober 1226

Geburtsort: Assisi

Land: Italien

Beruf: Mönch, Wanderprediger

Beruf des Vaters: Tuchhändler

Besonderheiten aus dem Leben:
Sohn reicher Eltern – liebt fröhliche Feste – möchte Ritter oder Spielmann werden/ändert sein Leben – wendet sich Armen und Kranken zu – wird Mönch – gründet einen Orden – liebt Tiere und die Natur – dichtet den Sonnengesang

Sein Gedenktag: 4. Oktober

Franziskus-Puzzle

Franziskus-Puzzle (Lösung)

Franziskus-Rätsel

1. Hauptstadt von Italien
2. Geburtsort des Franziskus
3. Sein italienischer Rufname
4. Sein Familienname
5. Name des Vaters
6. Franziskus nennt alle ...... und Schwester
7. In dieser Stadt trifft er einen Wolf.
8. Er baut eine verfallene ...... wieder auf.
9. das Gewand der Mönche
10. das berühmte Loblied auf Gottes Schöpfung
11. Gemeinschaft der Mönche
12. ein Armer, der um Almosen bittet
13. Franziskus lebt in .... mit allen Geschöpfen

Lösungswort:

Franziskus-Rätsel (Lösung)

1. Hauptstadt von Italien
2. Geburtsort des Franziskus
3. Sein italienischer Rufname
4. Sein Familienname
5. Name des Vaters
6. Franziskus nennt alle ...... und Schwester
7. In dieser Stadt trifft er einen Wolf.
8. Er baut eine verfallene ...... wieder auf.
9. das Gewand der Mönche
10. das berühmte Loblied auf Gottes Schöpfung
11. Gemeinschaft der Mönche
12. ein Armer, der um Almosen bittet
13. Franziskus lebt in .... mit allen Geschöpfen

Lösungswort: M I N D E R B R U E D E R

Bruder Mond – Schwester Sonne

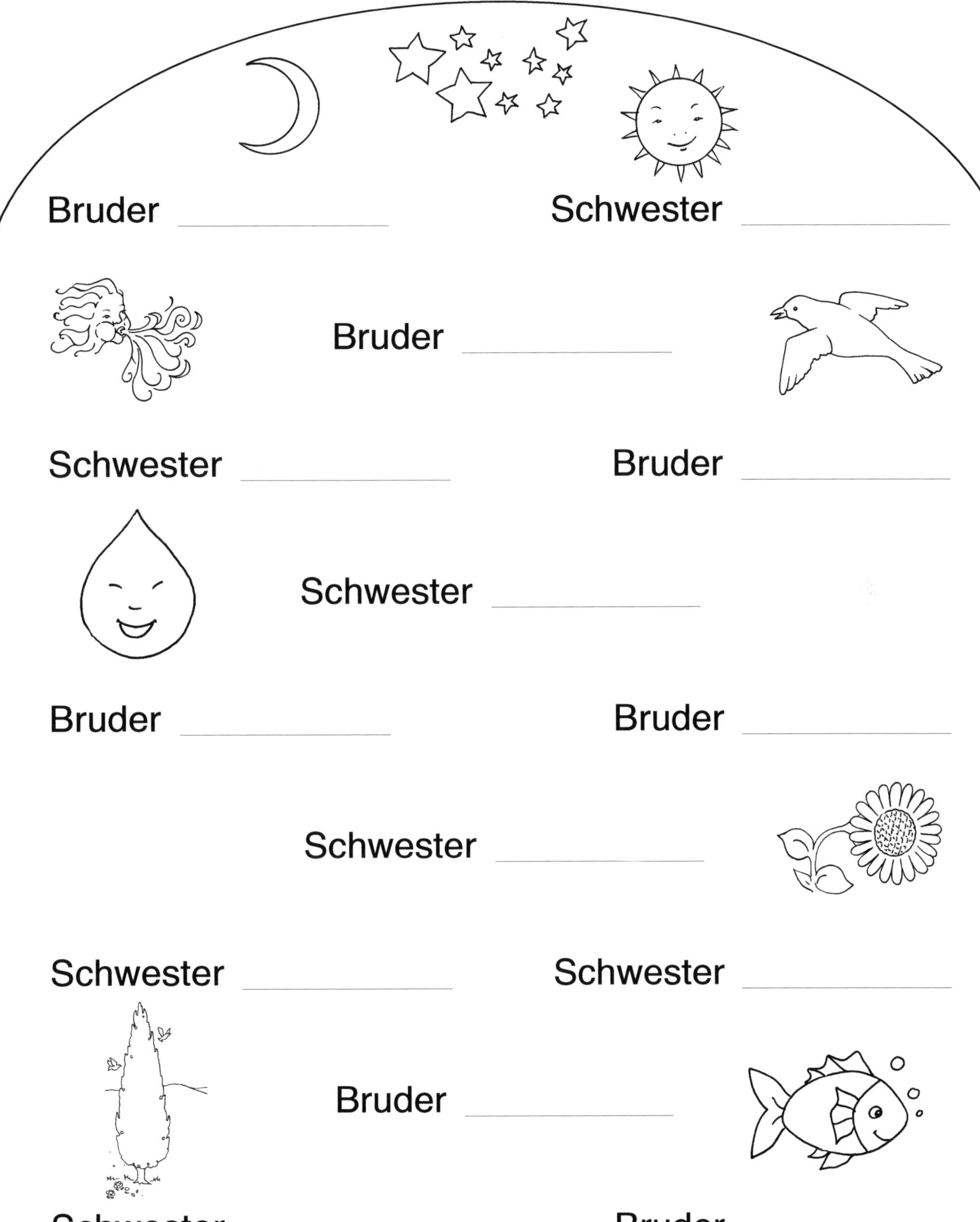

Franziskus nennt Menschen, Tiere, Pflanzen und noch vieles mehr Brüder und Schwestern.
Überlege wie Franziskus und schreibe auf, wer alles Bruder und Schwester sein könnte!

Bruder Mond – Schwester Sonne (Lösung)

Bruder Mond Schwester Sonne

Bruder Vogel

Schwester Ameise Bruder Baum

Schwester Blume

Bruder Fisch Bruder Hase

Schwester Lerche

Schwester Rose Schwester Taube

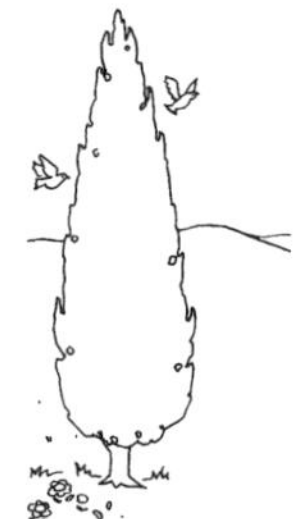

Bruder Wind

Schwester Klara Bruder Leo

Franziskus nennt Menschen, Tiere, Pflanzen und noch vieles mehr Brüder und Schwestern.
Überlege wie Franziskus und schreibe auf, wer alles Bruder und Schwester sein könnte!

Ein Brief aus Assisi

Italien im Mittelalter: Wir befinden uns in der italienischen Stadt Assisi.
Der Wandel von Francesco Bernardone war Stadtgespräch.
Die alten Freunde wunderten sich, doch neue Freunde schlossen sich Franziskus an: Bernardo – Pietro – Angelo – Leo – Rufino, auch die junge Adlige Chiara (Klara). Sie wollten so leben wie er. Um Franziskus scharte sich bald die Gemeinschaft der „Minderbrüder".

Stell dir vor, du hättest damals in Assisi gelebt. Gib dir einen italienischen Namen und schreibe in einem Brief an deine beste Freundin/deinen besten Freund in Perugia (Rom, ...) auf, was du gehört oder gesehen hast!

Assisi. Im Juli 1206

Buon giorno ____________________

Ciao ____________________

Francesco e Chiara – Franziskus und Klara

In der Stadt Assisi wohnte auch die junge Adelige Chiara. Wie Franziskus kam auch sie aus einem vornehmen, reichen Elternhaus. Sie war einige Jahre jünger als Francesco, aber sie kannte den jungen Mann, der gerne Ritter oder Spielmann werden wollte. Wie oft zog er mit seinen Freunden durch die Gassen der Stadt, sang, spielte und lachte. Chiara schätzte seine Fröhlichkeit und sein feines Wesen. Jahre vergingen.

Ein Krieg zwischen Assisi und Perugia hatte stattgefunden, und Franziskus kam aus der Gefangenschaft zurück. Seine Freundlichkeit war geblieben, aber vieles hatte sich verändert. In schlichte Gewänder gehüllt zog er als Wanderprediger mit neuen Freunden umher und kümmerte sich um Kranke, Ausgegrenzte und Hilfsbedürftige. Im Dom von Assisi lauschte Chiara einmal seiner Predigt. Chiara war von Franziskus und seiner Rede von Frieden und Nächstenliebe so beeindruckt, dass sie auch ihr Leben ändern wollte. Auch sie wollte wie Franziskus Jesus nachfolgen und nach dem Evangelium leben.

Es war am Palmsonntag im Jahr 1212. Da verließ Chiara ihr Elternhaus und lief zu Franziskus nach Portiuncula. Im Beisein seiner Mitbrüder legte sie ein Gelübde ab. Die vornehmen Kleider tauschte sie gegen ein einfaches Gewand und ließ sich von Franziskus als äußeres Zeichen ihre langen Haare abschneiden.

In San Damiano fand sie ein neues Zuhause.

In der Liebe zu Gott und den Menschen gründete Chiara den Orden der „armen Schwestern“.

Auch Klaras leibliche Schwestern und die verwitwete Mutter schlossen sich bald an. Für die neue Gemeinschaft entstand in San Damiano ein kleines Kloster.

So wurde ein Traum von Chiaras Mutter war: Ein Licht wird von diesem Kind ausgehen …

Spurensuche: Das Leben des Franz von Assisi – ein Detektiv-Spiel!

Vorsicht, falscher Lebenslauf!!!

In die Lebensgeschichte des Franziskus haben sich Fehler eingeschlichen.
In vielen Sätzen findest du Wortpaare. Dabei ist ein Begriff richtig, der andere falsch.
Streiche das falsche Wort durch, und die Lebensgeschichte des Franziskus stimmt wieder.
Viel Erfolg bei der Fehlersuche!

Franziskus lebte vor vielen hundert Jahren in Deutschland/Italien.
Er wurde in Rom/Assisi geboren.
Seine Eltern waren arm/wohlhabend.
Eigentlich hieß er Giovanni /Pietro.
Francesco wollte am liebsten Ritter/Tuchhändler werden.
Er hatte viele/wenige Freunde.
Mit denen zog er still/munter durch die Straßen der Stadt.

Nach dem Krieg gegen Rom/Perugia änderte sich sein Leben.
Er suchte Ruhe/Abwechslung und dachte über alles nach.
Von jetzt an kümmerte sich Franziskus um Menschen in Not.
Eigenhändig baute er ein Krankenhaus/Kirchlein wieder auf.
Bald schlossen sich andere ihm an und wurden seine Freunde.
Sie nannten sich Brüder/Mönche.
Alle trugen ein einfaches/edles Gewand mit einem Gürtel/einer Kordel.
Sie halfen Kranken und Armen und nahmen keinen Lohn.

Franziskus liebte alle Menschen, Tiere und Pflanzen.
Er bezeichnete sie als Brüder und Schwestern.
Einmal schützte er einen Fuchs/Wolf, den man töten wollte.
Bei einem Kreuzzug schloss er sich bewaffnet/unbewaffnet einer Rittergruppe an. Im Heiligen Land suchte er ein Gespräch mit dem Sultan/König.

Franziskus kam gesund/krank in seine Heimat zurück. Fast blind dichtete er ein Loblied auf Gottes Schöpfung. Es ist der berühmte Sternengesang/Sonnengesang.

Franziskus wurde nur 24 Jahre/44 Jahre alt.
Sein Gedenktag ist der 4. September/4. Oktober.

Spurensuche:
Das Leben des Franz von Assisi – ein Detektiv-Spiel! (Lösung)

Vorsicht, falscher Lebenslauf!!!

In die Lebensgeschichte des Franziskus haben sich Fehler eingeschlichen.
In vielen Sätzen findest du Wortpaare. Dabei ist ein Begriff richtig, der andere falsch.
Streiche das falsche Wort durch, und die Lebensgeschichte des Franziskus stimmt wieder.
Viel Erfolg bei der Fehlersuche!

Franziskus lebte vor vielen hundert Jahren in ~~Deutschland~~/Italien.
Er wurde in ~~Rom~~/Assisi geboren.
Seine Eltern waren ~~arm~~/wohlhabend.
Eigentlich hieß er Giovanni /~~Pietro~~.
Francesco wollte am liebsten Ritter/~~Tuchhändler~~ werden.
Er hatte viele/~~wenige~~ Freunde.
Mit denen zog er ~~still~~/munter durch die Straßen der Stadt.

Nach dem Krieg gegen ~~Rom~~/Perugia änderte sich sein Leben.
Er suchte Ruhe/~~Abwechslung~~ und dachte über alles nach.
Von jetzt an kümmerte sich Franziskus um Menschen in Not.
Eigenhändig baute er ein ~~Krankenhaus~~/Kirchlein wieder auf.
Bald schlossen sich andere ihm an und wurden seine Freunde.
Sie nannten sich Brüder/~~Mönche~~.
Alle trugen ein einfaches/~~edles~~ Gewand mit ~~einem Gürtel~~/einer Kordel.
Sie halfen Kranken und Armen und nahmen keinen Lohn.

Franziskus liebte alle Menschen, Tiere und Pflanzen.
Er bezeichnete sie als Brüder und Schwestern.
Einmal schützte er einen ~~Fuchs~~/Wolf, den man töten wollte.
Bei einem Kreuzzug schloss er sich ~~bewaffnet~~/unbewaffnet einer Rittergruppe an. Im Heiligen Land suchte er ein Gespräch mit dem Sultan/~~König~~.

Franziskus kam ~~gesund~~/krank in seine Heimat zurück. Fast blind dichtete er ein Loblied auf Gottes Schöpfung. Es ist der berühmte ~~Sternengesang~~/Sonnengesang.

Franziskus wurde nur ~~24 Jahre~~/44 Jahre alt.
Sein Gedenktag ist der ~~4. September~~/4. Oktober.

Wenn Franz von Assisi heute zu uns sprechen würde …

Was könnte er wohl sagen?
Denke an Menschen, Tiere und Pflanzen und unsere gesamte Umwelt!
Schreibe deine Ideen in die Sprechblasen!

Wenn Franz von Assisi heute zu uns sprechen würde …
(Lösung)

Was könnte er wohl sagen?
Denke an Menschen, Tiere und Pflanzen und unsere gesamte Umwelt!
Schreibe deine Ideen in die Sprechblasen!

Tipps für mögliche Aussagen:

Helft einander! – Helft Armen und Kranken! – Teilt Nahrung und Kleidung! – Habt Mitleid! – Quäle keine Tiere! – Streite nicht! – Sprecht miteinander! – Vertragt euch wieder! – Seid friedlich! – Seid fröhlich! – Rede nicht schlecht über andere! – Sieh mit deinem Herzen! – Verschmutze die Umwelt nicht! – Mach mit beim Umweltschutz! …

Wie Franziskus die Geburt von Jesus feierte

Es war kurz vor Weihnachten. In den Kirchen und Familien bereiteten sich die Menschen auf das Weihnachtsfest vor. Die Tage waren kühler geworden, und es dunkelte früh.
Franziskus wanderte mit den Brüdern über die sanften Hügel zwischen Assisi und Greccio. Alles war friedlich und still. Da kam ihm eine Idee. Er wollte Weihnachten einmal anders feiern, nicht in der Kirche, sondern draußen – so wie es damals war, als Jesus in Bethlehem geboren wurde.
Franziskus bereitete alles vor, und seine Freunde halfen ihm.
Sie stellten eine Krippe im Wald auf und legten Heu und Stroh hinein. Bauern brachten Ochs und Esel hinzu. Das sprach sich im Land herum.
Und in der Weihnachtsnacht strömten viele Menschen herbei: Männer, Frauen und Kinder. Sie trugen Fackeln, Kerzen und Laternen und versammelten sich an der Krippe. Dann erzählte Franziskus von der Heiligen Nacht, von den Hirten auf dem Feld, von der Botschaft des Engels und von der Geburt des Heilandes.
Alle standen still beisammen, Mensch und Tier, und alle spürten den Frieden des Weihnachtsfestes.

1. Wie bereitete Franziskus die Weihnachtsfeier vor? Was beschafften er und seine Freunde? Schreib es auf!

2. Betrachte das Bild genau! Male oder klebe ins Bild, was fehlt!

Wie Franziskus die Geburt von Jesus feierte (Lösung)

Es war kurz vor Weihnachten. In den Kirchen und Familien bereiteten sich die Menschen auf das Weihnachtsfest vor. Die Tage waren kühler geworden, und es dunkelte früh.
Franziskus wanderte mit den Brüdern über die sanften Hügel zwischen Assisi und Greccio. Alles war friedlich und still. Da kam ihm eine Idee. Er wollte Weihnachten einmal anders feiern, nicht in der Kirche, sondern draußen – so wie es damals war, als Jesus in Bethlehem geboren wurde.
Franziskus bereitete alles vor, und seine Freunde halfen ihm.
Sie stellten eine Krippe im Wald auf und legten Heu und Stroh hinein. Bauern brachten Ochs und Esel hinzu. Das sprach sich im Land herum.
Und in der Weihnachtsnacht strömten viele Menschen herbei: Männer, Frauen und Kinder. Sie trugen Fackeln, Kerzen und Laternen und versammelten sich an der Krippe. Dann erzählte Franziskus von der Heiligen Nacht, von den Hirten auf dem Feld, von der Botschaft des Engels und von der Geburt des Heilandes.
Alle standen still beisammen, Mensch und Tier, und alle spürten den Frieden des Weihnachtsfestes.

1. Wie bereitete Franziskus die Weihnachtsfeier vor? Was beschafften er und seine Freunde? Schreib es auf!

   Krippe, Stroh, Heu, Ochse, Esel

2. Betrachte das Bild genau! Male oder klebe ins Bild, was fehlt!

Ein Interview

Du bist ein Reporter/eine Reporterin und führst bei Verwandten, Freunden oder Nachbarn ein Interview:

Kennen Sie diesen Mann? ja ☐ nein ☐

Wenn ja, was wissen Sie über ihn?

Aus einem reichen Kaufmannssohn wurde ein Mönch, der in Armut lebte. Wie finden Sie das?

Er trägt eine braune Kutte. Welchen Orden gründete er?

Er nannte Menschen, Tiere und Pflanzen seine Brüder und Schwestern. Was halten Sie davon?

Meinen Sie, dass Franziskus uns auch heute noch etwas zu sagen hat?

Sein Gedenktag ist gleichzeitig der Welttierschutztag: 4. Oktober
Wie finden Sie das?

Vielen Dank für das Interview !

Ein Interview (Lösung)

Du bist ein Reporter/eine Reporterin und führst bei Verwandten, Freunden oder Nachbarn ein Interview:

Kennen Sie diesen Mann? ja [X] nein [ ]

Wenn ja, was wissen Sie über ihn?

Italiener aus Assisi – änderte sein Leben – wandte sich Armen und Kranken zu – schützte Tiere und Pflanzen – achtete Gottes Schöpfung

Aus einem reichen Kaufmannssohn wurde ein Mönch, der in Armut lebte. Wie finden Sie das?

Er trägt eine braune Kutte. Welchen Orden gründete er?

Die Minderbrüder – Franziskaner

Er nannte Menschen, Tiere und Pflanzen seine Brüder und Schwestern. Was halten Sie davon?

Kinder eines Vaters – „verwandt" – gemeinsame Heimat: Erde

Meinen Sie, dass Franziskus uns auch heute noch etwas zu sagen hat?

zeitlos: friedlicher, freundlicher Umgang mit Menschen, Tieren, Pflanzen friedfertig, gerecht, liebte und achtete die Schöpfung

Sein Gedenktag ist gleichzeitig der Welttierschutztag: 4. Oktober
Wie finden Sie das?

passend: Tierschützer

Vielen Dank für das Interview !

EIN TAU-KREUZ

Das Tau hat die Form eines **T**.
Es ist der 19. Buchstabe im griechischen und der letzte Buchstabe im hebräischen Alphabet. Das Tau hat auch in der Bibel eine besondere Bedeutung.
Franziskus hat dieses Zeichen oft verwendet. Er zeichnete es als Segenszeichen auf Häuser, Wände und Bäume und unterschrieb damit seine Briefe.

Das **T** ist ein Zeichen des Segens und des Friedens und erinnert an Jesus, seinen Tod und seine Auferstehung.
Bis heute tragen die Franziskanermönche und Franziskanerinnen das Tau-Kreuz.

Versuche, selbst ein TAU-Kreuz zu malen oder zu basteln!
Du kannst es mit Motiven aus dem Sonnengesang bemalen oder beschriften.
Du kannst auch ein Gebet dazu schreiben.

Beispiele:

Der Herr segne und behüte dich.
*
Er schenke dir seinen Frieden.
*
Gott begleite dich auf deinem Weg.
*
Frieden mit der Schöpfung
*
Shalom
*
Peace
*
Pace

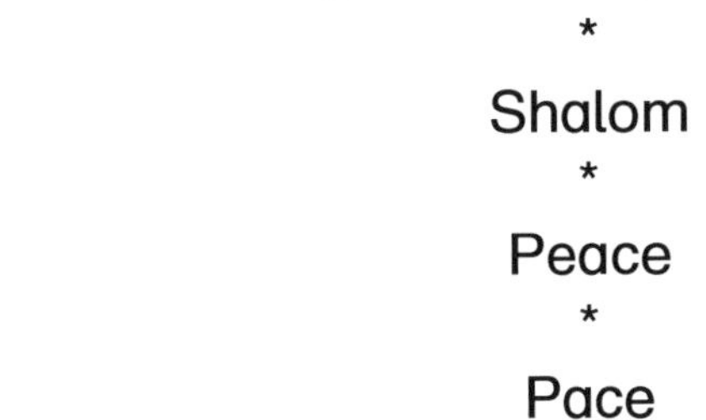

oder . . .

Allen Künstlern viel Spaß!

Leporello: Mein Sonnengesang

Hier kannst du ein LEPORELLO erarbeiten.
Du brauchst dazu einen langen weißen Papier- oder Kartonstreifen.
Falte ihn wie eine Ziehharmonika. Dein Leporello muss mindestens 8 Seiten haben.
Auf das Deckblatt schreibst du den Titel.
Auf die einzelnen Seiten malst du Bilder oder Zeichen zu:

Meine Schwester Sonne – Mein Bruder Mond und die Sterne – Mein Bruder Wind – Die Schwester Wasser – Bruder Feuer – Mutter Erde – Bruder Leben und Bruder Tod (Siehe Muster)

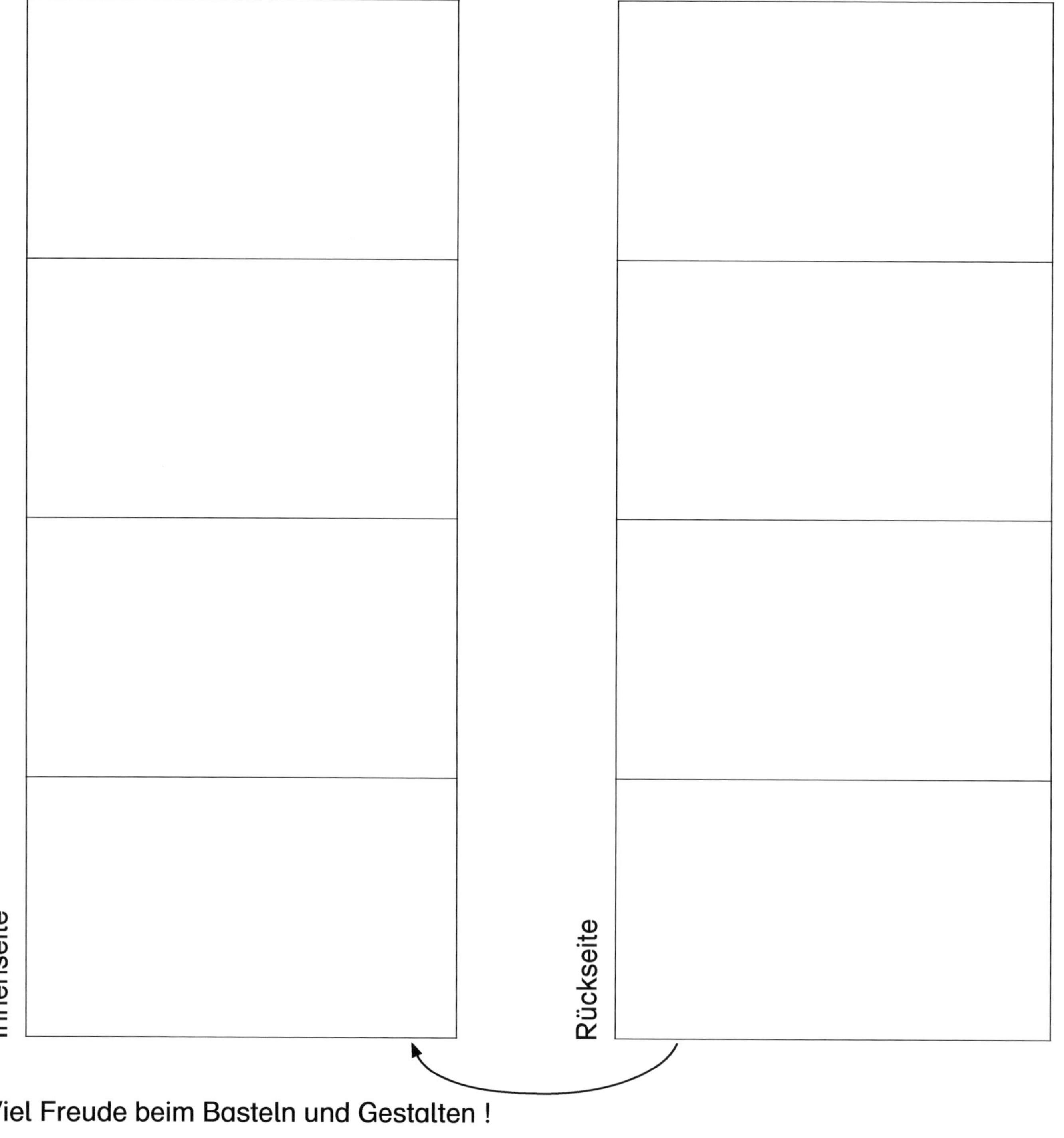

Viel Freude beim Basteln und Gestalten !

Leporello: Mein Sonnengesang (Muster)

Hier kannst du ein LEPORELLO erarbeiten.
Du brauchst dazu einen langen weißen Papier- oder Kartonstreifen.
Falte ihn wie eine Ziehharmonika. Dein Leporello muss mindestens 8 Seiten haben.
Auf das Deckblatt schreibst du den Titel.
Auf die einzelnen Seiten malst du Bilder oder Zeichen zu:

Meine Schwester Sonne – Mein Bruder Mond und die Sterne – Mein Bruder Wind – Die Schwester Wasser – Bruder Feuer – Mutter Erde – Bruder Leben und Bruder Tod (Siehe Muster)

Viel Freude beim Basteln und Gestalten !

Gebete des Franz von Assisi (1187–1226)

O HERR, mache mich zum Werkzeug deines Friedens,
dass ich liebe, wo man sich hasst,
verzeihe, wo man sich beleidigt,
verbinde, wo Streit ist,
die Wahrheit sage, wo der Irrtum herrscht,
den Glauben bringe, wo der Zweifel drückt,
die Hoffnung wecke, wo Verzweiflung quält,
dein Licht anzünde, wo die Finsternis regiert,
Freude mache, wo der Kummer wohnt.
Franz von Assisi

Gott will,
dass wir aller Kreatur
gut sein sollen,
auch den Tieren,
vor allem dann,
wenn sie in Not sind.

Ein jedes Wesen
in der Bedrängnis
hat das gleiche Recht
auf Schutz.
Franz von Assisi

Ach Herr, lass mich trachten,
nicht dass ich getröstet werde, sondern dass ich tröste,
nicht dass ich verstanden werde, sondern dass ich verstehe,
nicht dass ich geliebt werde, sondern dass ich liebe.

Denn wer da hingibt, der empfängt,
wer sich selbst vergisst, der findet,
wer verzeiht, dem wird verziehen,
und wer da stirbt, der erwacht zum ewigen Leben.
Franz von Assisi

Alle Geschöpfe
der Erde
fühlen wie wir.
Alle Geschöpfe
der Erde
streben nach Glück
wie wir.
Alle Geschöpfe
der Erde
lieben, leiden und sterben
wie wir.
Also sind sie
uns gleichgestellte Werke
des allmächtigen
Schöpfers.
Franz von Assisi

▶ Lies die Gebete!
Welches gefällt dir besonders gut?
Schreibe es auf ein Schmuckblatt!

Ein Rosenkreuz

Hier siehst du ein Kreuz aus Zweigen mit rankenden Rosen.

Menschen, Tiere, Pflanzen und unsere Umwelt brauchen manchmal deine Hilfe.

Sammle passende Fotos, Bilder oder Texte und klebe sie hier auf!

Du kannst auch dazu malen oder schreiben.

ITALIENISCH – DEUTSCH (die Seite für kleine Dolmetscher)

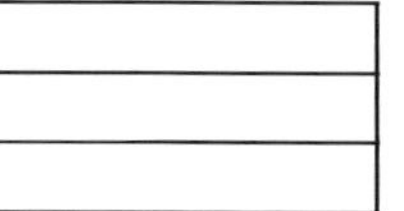

In Italien nennen die Kinder den Sonnengesang des Franz von Assisi:
IL CANTICO DI FRATE SOLE
Der Gesang von Bruder Sonne

Ja, du hast richtig gelesen:
In Italien sagt man „der Sonne" und „die Mond", also „Bruder Sonne" und „Schwester Mond".
Hier sind einige Strophen des Sonnengesangs in italienischer Sprache mit deutscher Übersetzung.
Lies sie allein und mit einem Partner in Italienisch und Deutsch.
Kannst du die Wörter unten übersetzen?
Viel Erfolg beim Dolmetscher-Suchspiel!

IL CANTICO DI FRATE SOLE

Laudato si, o mio Signore
per fratello sole.

Laudato si, o mio Signore
per sorella luna e le stelle.

Laudato si, o mio Signore
per fratello vento.

Laudato si, o mio Signore
per sorella acqua.

Laudato si, o mio Signore
per fratello fuoco.

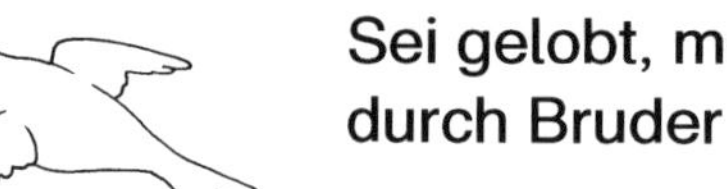

Laudato si, o mio Signore
per nostra madre terra.

Laudato si, o mio Signore
con tutte le tue creature.

DER SONNENGESANG

Sei gelobt, mein Herr
durch Schwester Sonne.

Sei gelobt, mein Herr
durch Bruder Mond und die Sterne.

Sei gelobt, mein Herr
durch Bruder Wind.

Sei gelobt, mein Herr
durch Schwester Wasser.

Sei gelobt, mein Herr
durch Bruder Feuer.

Sei gelobt, mein Herr
durch unsere Mutter Erde.

Sei gelobt, mein Herr
mit all deinen Lebewesen.

sole = ____________________
luna = ____________________
stelle = ____________________
vento = ____________________
acqua = ____________________
fuoco = ____________________
terra = ____________________

Signore = ____________________
fratello, frate = ____________________
sorella = ____________________
madre = ____________________
cantico = ____________________
creature = ____________________
pace = ____________________

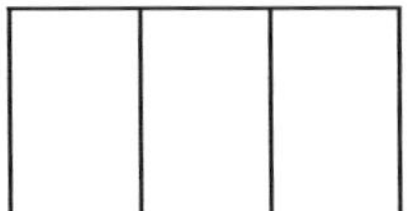

ITALIENISCH – DEUTSCH
(die Seite für kleine Dolmetscher)

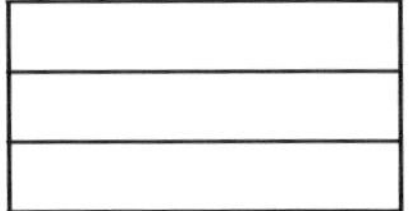

(Lösung)

In Italien nennen die Kinder den Sonnengesang des Franz von Assisi:
IL CANTICO DI FRATE SOLE
Der Gesang von Bruder Sonne

Ja, du hast richtig gelesen:
In Italien sagt man „der Sonne“ und „die Mond“, also „Bruder Sonne“ und „Schwester Mond“.
Hier sind einige Strophen des Sonnengesangs in italienischer Sprache mit deutscher Übersetzung.
Lies sie allein und mit einem Partner in Italienisch und Deutsch.
Kannst du die Wörter unten übersetzen?
Viel Erfolg beim Dolmetscher-Suchspiel!

IL CANTICO DI FRATE SOLE	**DER SONNENGESANG**
Laudato si, o mio Signore per fratello sole.	Sei gelobt, mein Herr durch Schwester Sonne.
Laudato si, o mio Signore per sorella luna e le stelle.	Sei gelobt, mein Herr durch Bruder Mond und die Sterne.
Laudato si, o mio Signore per fratello vento.	Sei gelobt, mein Herr durch Bruder Wind.
Laudato si, o mio Signore per sorella acqua.	Sei gelobt, mein Herr durch Schwester Wasser.
Laudato si, o mio Signore per fratello fuoco.	Sei gelobt, mein Herr durch Bruder Feuer.
Laudato si, o mio Signore per nostra madre terra.	Sei gelobt, mein Herr durch unsere Mutter Erde.
Laudato si, o mio Signore con tutte le tue creature.	Sei gelobt, mein Herr mit all deinen Lebewesen.

sole	= Sonne	Signore	= Herr
luna	= Mond	fratello, frate	= Bruder
stelle	= Sterne	sorella	= Schwester
vento	= Wind	madre	= Mutter
acqua	= Wasser	cantico	= Gesang
fuoco	= Feuer	creature	= Lebewesen
terra	= Erde	pace	= Frieden

Stabpuppenspiele/Kopiervorlagen für die Stabpuppen

Spielszene 1:
Franziskus und der Bettler im Tuchladen seines Vaters

Spielszene 2:
Franziskus trifft seine früheren Freunde

Juliane Linker: Franz von Assisi · Best.-Nr. 082

Spielszene 3:
Neue Freunde schließen sich Franziskus an und wollen so leben wie er: einfach leben, Armen und Kranken helfen, Gottes Schöpfung achten und bewahren, dem Beispiel Jesu folgen.
Die ersten „Minderbrüder“

Spielszene 4:
Franziskus hilft Armen und Kranken

Spielszene 5:
Franziskus und der Schäfer

Spielszene 6:
Franziskus und der Wolf von Gubbio

Spielszene 7:
Franziskus und der Sultan Melek al-Kamil

VII. Ökumenisches Gottesdienstmodell: Bruder Franz von Assisi

mit Gestaltungs- und Liedvorschlägen

Nach dem Gottesdienst mit Angehörigen:
Gemeinsames Frühstück mit Präsentation von Unterrichtsergebnissen:

– Auslegen und würdigen der von den Kindern individuell gestalteten Franziskus-Mitmachbücher
– Vorstellen von Collagen, Wandzeitung, Bodenmandala
– Vorführen kleiner Spielszenen

VII. Gottesdienstmodell

Bruder Franz von Assisi

Aufbau eines ökumenischen Gottesdienstes mit Eltern zum Auftakt der Herbstferien

1. **Eingangslied „Du hast uns deine Welt geschenkt …“**
   (Bewegungslied der Klassen 1 und 2)

2. **Begrüßung durch den Hausherrn und Hinführung zur Thematik:**
   Erntedank – Gedenktag des Franz von Assisi
   Vorbildfunktion: Umgang mit Mensch, Tier und Natur/Umwelt
   Hinweis auf Bild: Franziskus als Mönch mit ausgebreiteten Armen
   (gemalt oder als vergrößerte Kopie in den Chorraum gestellt)

3. **Präsentieren von Folienbildern am OHP (Kinderbilder der Klasse 3)**
   zu entsprechenden Texten aus dem Leben des Franziskus
   - Francescos Jugend
   - Nach Krieg und Erkrankung Reflexion über das bisherige Leben
   - Begegnung mit Kranken und Hilfsbedürftigen
   - Gründung eines Ordens (Minderbrüder/Franziskaner)
   - Gespräch mit dem Sultan

   (Vorlagen: s. Schüler-Mitmachbücher – Texte von Drittklässlern vorgetragen)

4. **Lied: „Unser Leben sei ein Fest, Jesu Geist in unserer Mitte …“**
   (Strophen 1 und 2)

5. **Aktion: Vorstellen des geistigen Lebenswerks des Franziskus**
   Aufbau einer Collage und entsprechende Texte zu
   a) Menschen in Not
   b) Beziehung zu Tieren
   c) zu Pflanzen
   d) zur gesamten Schöpfung
   Textvorlagen: s. Schüler-Mitmachbücher – Kinder stellen nach und nach gemalte oder kopierte Bildelemente unter die ausgebreiteten Arme des Franziskus zu den Teilthemen:
   Menschen in Not – Tiere – Pflanzen – Schöpfung (Sterne …)
   Erwachsene helfen beim Befestigen der Bilder und Aufbauen der Collage

6. **Der Sonnengesang**
   Vor der Kulisse „Franziskus, Freund aller Menschen und Tiere“ präsentieren Kinder der Klasse 3 das Schöpfungslied als Tanz zur Musik von Detlev Jöcker/ Text: Rolf Krenzer

7. Gespräch des Pfarrers mit der Gemeinde
Ob Franziskus, der vor etwa 800 Jahren lebte, uns auch heute noch etwas zu sagen hat? – Denkt daran, wie er mit Menschen, Tieren, Pflanzen und der gesamten Schöpfung umging! (...)

8. Lied: „Shalom für Dorf und Stadt, Shalom für das, was Atem hat“

9. Sprechen des Franziskus-Textes:
„O Herr, mache mich zum Werkzeug deines Friedens“

„O Herr, mache mich zum Werkzeug deines Friedens,
dass ich liebe, wo man sich hasst,
verzeihe, wo man sich beleidigt,
verbinde, wo Streit ist,
die Wahrheit sage, wo Irrtum herrscht,
den Glauben bringe, wo Zweifel drückt,
die Hoffnung wecke, wo Verzweiflung quält,
dein Licht anzünde, wo die Finsternis regiert,
Freude mache, wo der Kummer wohnt.“
(Viertklässler und ein Erwachsener als Sprecher vor zwei Mikrophonen (etwa jeder zwei Zeilen)

10. Vaterunser und Segen
(Zum Vaterunser die Hände reichen und lange Ketten bilden)

11. Schlusslied für alle – Vorspiel: Flötengruppe
Lied: „Menschenkinder auf Gottes Erden ...“
alternativ:
Lied: „Es ist die Liebe zum Leben, die uns zusammenhält ...“

Zum Schlusslied kommen einige Kinder zum Altar und singen Hand in Hand.
Bei der Tierstrophe führt evtl. ein Kind seinen Hund (friedlich, menschenbezogen, nicht stressanfällig!) stellvertretend für alle Tiere durch den Mittelgang zum Chor und reiht sich in die Kinderreihe ein.

(Kollekte für Bedürftige und/oder ein Tierschutzprojekt, ein Umweltschutzprojekt.)

Tipp: Beim sich anschließenden Erntedank- oder Franziskusfest sollte man entsprechende Verpflegung anbieten, z. B. keine Eier aus der Legebatterie, keine Ware aus der Massentierhaltung ...

Ein vegetarisches Frühstück/Mahl, gesund und schmackhaft zubereitet, wird gut angenommen und entspricht in besonderer Weise der Intention des Gedenktages.

Kapitel 1/Kindheit und Jugend

Francesco	**Franziskus**
Franz von Assisi	**Franz**

Giovanni Bernardone

Kapitel 1/Kindheit und Jugend

Kapitel 1/Kindheit und Jugend

Kapitel 1/Kindheit und Jugend

Kapitel 1/Kindheit und Jugend

Kapitel 1/Kindheit und Jugend

Franziskus

Freunde des Franziskus

Kapitel 1/Kindheit und Jugend

Franziskus und der Bettler in Assisi

Kapitel 2/Die Umkehr – Franziskus ändert sein Leben

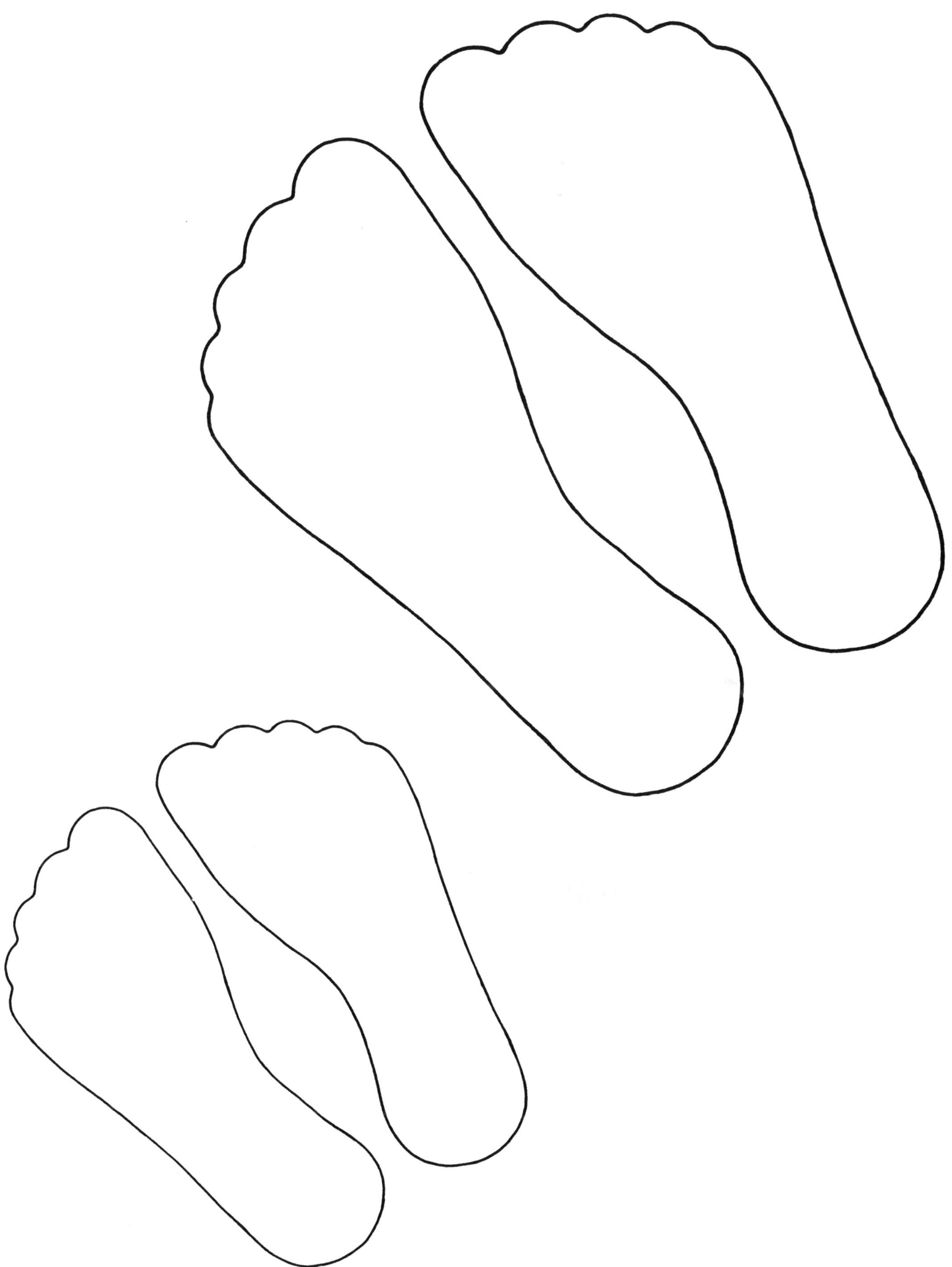

Franziskus mit Bettlern in Rom

Kapitel 2/Die Umkehr – Franziskus ändert sein Leben

Kapitel 3/Franziskus und die Minderbrüder

Kapitel 3/Franziskus und die Minderbrüder

Franziskus baut eine Kirche wieder auf

Kapitel 3/Franziskus und die „Minderbrüder“

Kapitel 4/Franziskus und die Menschen

Kapitel 5/Franziskus und der Sultan

Kapitel 6/Franziskus und die Tiere

Ein Lied für die Sonne

1. Ein Lied für die Son - ne, die strah - len - de Schwes - ter.
2. Ein Lied für die Ster - ne, den Mond mei - nen Bru - der.
3. Dem Wind, mei - nem Bru - der, will freu - dig ich sin - gen,
4. Ein Lied für das Was - ser, die freund - li - che Schwes - ter,

5. Ein Lied für die Er - de, die Schwes - ter, die Mut - ter.
6. Ein Lied für das Le - ben, den Bru - der, den Va - ter.
7. Ein Lied für den Bru - der am En - de des Le - bens.
8. Ich lo - be und prei - se und dan - ke und die - ne

1. Sie bringt uns das Licht und den Tag. Drum will ich dich lo - ben,
2. Du lie - ßest sie leuch - ten für mich. Du schenk - test dem Him - mel
3. der Luft, die frei at - men mich lässt. Ich dan - ke dir, Herr, für
4. die al - les, was Le - ben hat, tränkt. Ein Lied für das Feu - er,

5. die uns stets er - nährt und er - hält. Ich dan - ke dir, Schöp - fer,
6. Du stell - test mich mit - ten hin - ein. Ich wa - che und schla - fe.
7. Ein Lied mei - nem Bru - der, dem Tod. Er nimmt Hast und Angst weg,
8. so recht und so schlecht ich's ver - mag. Ich sin - ge dem Höch - sten,

1. mein Herr und mein Höch - ster, so gut ich es sel - ber ver - mag.
2. un - end - li - che Schön - heit. Mein Herr, da - für prei - se ich dich!
3. den Wind, mei - nen Bru - der, der mir durch die Haa - re jetzt bläst.
4. den leuch - ten - den Bru - der, der Wär - me und Zu - ver - sicht schenkt.

5. für Früch - te und Blu - men und die - ne dir, Herr, in der Welt.
6. Ich den - ke und träu - me und füh - le mein ei - ge - nes Sein.
7. schenkt Ru - he und Frie - den und führt mich zu dir, gro - ßer Gott.
8. dem Herrn, mei - nem Schöp - fer, voll De - mut mein Lied Tag für Tag.

Text: Rolf Krenzer
Musik: Detlev Jöcker/Lele Oppenheimer

Text- und Bildnachweis

Textquellen

Antonella Bolliger-Savelli/Ursula Wölfel, Bruder Franz von Assisi, Patmos-Verlag, 1981
Max Bolliger, Bruder Franz, Ravensburg, 1982 (Lizenzausgabe 1984)
Barbara Cratzius/Pieter Kunstreich, Der heilige Franziskus, Herder-Verlag, 2003
Anton Rotzetter, Franziskus feiert Weihnachten, Eschbach-Verlag, 1992
P. M. Vogel, Das Leben der Heiligen, Verlag der Aschendorffschen Buchhandlung, 1908

Theologische Zeitschriften:
Franziskaner Mission
Sendbote des heiligen Antonius, Padua (Messagero Padova)

Internetseiten:
Ökumenisches Heiligenlexikon: www.heiligenlexikon.de
www.franziskaner.de
www.klarissen.net

Bildnachweis

S. 12 Die Eltern Bernardone:
Die Mutter Giovanna (Pica) Bernardone hält symbolisch die zerbrochene Kette, Vater Pietro hält das abgelegte Gewand; Denkmal in Assisi

S. 12 Der hl. Franziskus und der Wolf, Denkmal in Santa Fe, New Mexico

S. 13 Tafelkreuz aus San Damiano (heute: Kirche Santa Chiara)
Unter den ausgebreiteten Armen erscheinen Maria und Johannes, Maria von Magdala, Maria Jacobi und der römische Hauptmann. Sie stehen stellvertretend für die Nachfolge Jesu. Die klein gehaltenen Personen (links ein römischer Soldat und rechts ein Vertreter des erstgewählten jüdischen Volkes) haben den Messias noch nicht erkannt. Alle aber stehen unter den offenen Armen des Auferstandenen und unter der Segenshand Gottes.

S. 13 Giotto di Bondone, Gebet des hl. Franziskus in San Damiano

S. 13/66 Giotto di Bondone, Der hl. Franziskus predigt den Vögeln, ca. 1296/99

S. 13 Der „weinende Franziskus“ im Kloster bei Greccio

S. 14 Der hl. Franziskus, Fresko des florentinischen Malers Cimabue um 1278 nach der Lebensbeschreibung des Thomas von Celano

S. 14 Francesco Bernardone (Franz von Assisi)
Das älteste, noch zu Lebzeiten des Franziskus angefertigte Portrait, Fresko aus dem Kloster Sacro Speco in Subiaco, um 1200

S. 14 Giotto di Bondone, Der Tod des hl. Franziskus, ca. 1325

Liednachweis:
S. 28, 41, 93 Ein Lied für die Sonne
Text: Rolf Krenzer; Musik: Detlev Jöcker/Lele Oppenheimer. Aus: Solange die Erde lebt
© Menschenkinder Verlag u. Vertrieb GmbH, Münster